우리의 눈이 열릴 때

당신이 하나님을 더 깊이 알아가고 더 널리 알리는 사람이 되는 것, 이 책에 담겨진 예수전도단의 마음입니다. 말씀을 통해 저자가 깨닫고, 원고를 통해 저희가 누릴 수 있었던 그 감동이 책을 통해 당신에게도 전해지기 원합니다. 그리고 당신을 통해 그 기쁨과 은혜가 더 많은 이들에게 계속해서 흘러가기를 기도하겠습니다. 이 책을 통해 당신이 받은 은혜를 다른 분들께도 나눠주십시오. 사랑하고 축복합니다.

Copyright ⓒ 2003 by Bruce and Barbara Thompson
Originally Published in English under the title:
FROM EYESIGHT TO INSIGHT
Published by Crown Ministries International
P.O. Box 26479, Colorado Springs, CO 80936, USA

Korean Copyright ⓒ 2005 by YWAM Publishing, Korea.

우리의 눈이 열릴 때

엠마오 길의 두 여행자와
마음의 눈(insight)을 찾아 떠나는 여행

브루스 & 바바라 탐슨 지음 | 김태완 옮김

예수전도단

| 프롤로그 |

엠마오로 가는 길

그 날, 제자 중 두 사람이 예루살렘에서 약 7마일 떨어져 있는 엠마오라는 마을로 걸어가고 있었다. 두 제자는 최근에 일어난 모든 일들에 대하여 심도 있게 대화하고 있었다.

두 제자가 서로 이야기하고 질문을 주고받는 동안, 예수님이 가까이 다가오셔서 그들과 동행하셨다. 하지만 그들은 예수님을 알아보지 못했다.

예수님이 물으셨다. "너희들이 길 가면서 그렇게 집중해서 이야기하는 것이 무엇이냐?"

두 제자는 바로 그 자리에 멈춰 서서, 침울한 표정을 지었다. 마치 자신의 가장 친한 친구를 잃은 듯한 표정으로….

그 중 한 사람, 이름이 글로바라고 하는 자가 말했다. "당신은 예루살렘에 있었으면서 지난 며칠 동안 무슨 일이 있었는지 모른단 말이오?"

"도대체 무슨 일이 있었던 거요?" 예수님이 물으셨다.

두 제자가 말하기를, "나사렛 예수에게 일어났던 일이오. 그는 하나님의 사람이었고, 하나님과 모든 백성들로부터 축복받은 자로, 말과 일에 능한 선지자였소. 그런데 우리 대제사장들과 관원들이 그를 저버리고, 그에게 사형 선고를 내려 십자가에 못박았단 말이오. 우리는 이 사람이 이스라엘을 구원할 사람이라고 기대하고 있었다오. 벌써 이 일이 있은 지 3일이 지났구려. 게다가 아직도 몇몇 여인들은 우리를 계속 혼란스럽게 하고 있다오. 오늘 새벽에 그 여인들이 무덤에 갔었는데, 예수의 시체가 없어졌다는 거요. 천사가 나타나 그분이 살아나셨다고 말하는 것을 보았다고 우리에게 알리지 않았겠소? 우리 무리 중 몇몇이 무덤으로 확인을 하러 갔고, 무덤

안이 비어 있음을 보았던 거요. 바로 그 여인들이 예수를 보지 못했다고 말한 것처럼 말이오."

그러자 예수님이 말씀하셨다. "미련하고, 더디 믿는 자들아! 어찌하여 선지자들이 말한 것을 마음에 전혀 믿지 못하느냐? 이런 일이 일어나야 함을 알지 못하였느냐? 메시아가 이런 고난을 받고, 그 후에야 자신의 영광 가운데 들어가야 함을 알지 못하였느냐?"

이렇게 말씀하시고 나서 예수님은 모세의 글들과 모든 선지자들의 글에서부터 시작하여, 모든 성경에서 자신과 관련된 부분을 자세히 설명하셨다.

제자들이 목적지로 삼고 걸어가던 마을의 어귀에 이르렀다. 예수님은 계속하여 더 걸어가실 것처럼 행동을 하셨지만, 두 제자가 예수님을 강하게 붙잡았다. "여기서 우리와 함께 머무르시면서 같이 저녁을 드십시오. 날이 저물어 거의 저녁때가 되었어요."

그들의 강권으로 예수님은 그들과 함께 머무르게 되셨다. 떡을 들어 축사하시고, 떼어서 그 두 제자에게 나눠주셨다. 그 때서야 비로소 그들의 눈이 열려 예수님을 알아보았다. 하지만 예수님은 어디론가 사라지셨다.

두 제자가 서로 말하기를 "길에서 우리에게 말씀하시고, 성경을 풀어 설명해 주실 때, 우리 속에서 마음이 뜨거워짐을 느끼지 못했는가?"

두 제자는 지체할 시간이 없었다. 그들은 즉시 일어나 다시 예루살렘으로 향하는 길로 뛰어갔다. 그들은 열한 제자와 그와 함께한 자들이 모여 있는 것을 발견하고, "이건 진짜 있었던 일이야! 주님은 살아나셨고, 시몬도 예수님을 보았어" 라고 소리쳤다.

이어, 그 두 제자는 길에서 있었던 모든 일을 하나도 빠짐없이 이야기하였고, 예수님이 떡을 떼어 주실 때 자기들이 그를 알아보았던 것을 말하였다.

누가복음 24:13-35 THE MESSAGE, Eugene H. Peterson

헌정

우리의 두 아들 마이클(Michael)과 라이오넬(Lionel),
그리고 그 가족 모두 삶의 여정 가운데
예수님을 알아보기를 기도하면서 그들에게 이 책을 바친다.

| 감사의 글 |

먼저 엠마오로 가는 두 여행자들에 대한 설교를 들은 후 이 책을 쓸 수 있도록 권고해 준 제니스 로저스(Janice Rogers)에게 감사한다. 그녀는 나의 아내 바바라에게 이렇게 말했다. "이것은 최우선으로 다루어야 합니다." 그 권고의 결과로 바바라는 설교 테이프를 글로 옮겨 적고 우리는 함께 이 책을 쓰기 시작했다.

준 두니(June Dooney), 그녀의 훌륭한 편집에 대해 감사한다. 그녀의 전문적 기술은 책의 본문을 명료화하는 데 소중한 도움이 되었다. 준! 당신의 삶의 가장 바쁜 시기였음에도 우리와 같이 하면서 많은 시간과 에너지를 기꺼이 쏟아 부어준 것에 대해 다시 한번 감사를 전합니다.

우리는 또한 최종 본문을 주의 깊게 검토해준 에이미 로머(Amy Roemer)에게 감사하기를 원한다. 로잔(Lausanne)의 머시 쉽(Mercy Ship)의 브라이스 와그너(Bryce Wagner)에게 감사한다. 브라이스는 책의 주요 개념을 잘 포착해서 그것을 표지에 나타내는 일을 훌륭하게 잘 해 주었다.

12년 동안 자비의 배에서 사역해 온 안구 전문의 밥 디얼(Bob Dyer) 박사는 우리가 시력에 관한 부록을 쓰는 데 큰 도움을 주었다. 그의 우정과 격려는 우리에게 축복이었다.

또한 열방 대학의 우리 동료들과 학생들이 이 책을 쓰는 데 전력을 다해 협조해 준 것에 대해 깊은 감사를 전한다.

마지막으로 CMI(Crown Ministries International)의 데일 브헬링(Dale Buehring)과 YWAM Procla-Media의 주디 라이트(Judy Wright)에게 감사한다.

| 추천의 글 |

브루스 탐슨 박사와 바바라 탐슨은 정말 보석과 같은 책을 썼다. 나는 책을 읽자마자 이 책을 가장 잘 나타낼 수 있는 부제가 떠올랐다. "영혼을 위한 영적 시력."

누군가 자기 발견에 대한 열쇠는 마음의 병을 아는 것이라고 말한 적이 있다. 만약 이것이 사실이라면, 오직 하나님만이 당신 마음의 깊은 비밀, 당신 존재의 가장 깊은 부분을 드러내실 수 있다. 시대를 초월한 모든 지혜-그것이 철학이든 과학이든-도 하나님이 우리 자신에 대해 나타내신 것들을 대신할 수는 없다. 이 책을 읽는 모든 사람들이 오래 전 엠마오 도상의 두 여행자들처럼 자신들의 영적인 눈이 열리도록 간구하기를 소망한다.

아치볼드 D. 하트, Ph. D.
풀러 신학교의 심리학 교수, 심리 치료 전문가, 심리학 대학원 명예학장.

질문이 틀렸는데, 거기에 "옳은 대답"을 한다는 것은 결국 틀린 대답을 한 것일 수도 있다. 「우리의 눈이 열릴 때」는 우리에게 올바른 질문을 통해 영적이고도 실제적인 진리들을 깨닫도록 훌륭한 통찰력을 제공한다. 시력에 대한 해부학적 구조와 눈의 질병들 사이의 유추는 우리 마음의 정신적, 감정적 질병들을 보다 잘 이해하도록 해준다. 이 책에서 우리가 엠마오 길을 따라 걷는 동안, 주님이 이해의 빛을 밝혀 주시며 옳은 답과 계시를 보여주실 것이다. 진심으로, 그리고 기쁜 마음으로 이 책을 추천한다.

로버트 L. 다이어, M.D
"아나스타시스"(the Mercy Ship Anastasis)에서 12년 동안 섬기고 있는 안과 의사.

현재 확신하고 있는 것들이 우리가 새로운 사실을 배우는 데에 가장 큰 장애물이 되고, 진리를 발견하는 데에 우리 자신의 이성적 사고를 의지하는 것은 현재 교회에 만연하는 가장 위험한 우상숭배다. 이 책은 우리에게 하나님과 함께 배우는 방법이 무엇인지를 다시금 보여준다.

토마스 A. 브루머, Ph.D. 열방 대학 국제 교무처장.

CONTENTS

From Eyesight to Insight

- 프롤로그 | 엠마오로 가는 길   4
- 감사의 글   7
- 추천의 글   8
- 서론   12
1. 계시의 빛이 들어오다   15
2. 기꺼이 배우라   25
3. 자만을 버려라   35
4. 온전히 집중하라   49
5. 너무 빨리 포기하지 마라   65
6. 하나님께 시간을 내어라   75
7. 마침내 눈이 열리다   89
- 부록   104
- 에필로그   116
- 참고 문헌   118

| 서론 |

철학적 원리에서는 옳은 답을 구하는 것보다 올바른 질문을 하는 것이 더 중요하다. 국제 선교 단체로서 우리 예수전도단(Youth With A Mission)에게 떠오른 중대한 물음은 선교와 대학 사이의 분리에 대한 것이었다.

오늘날 많은 대학은 기도하고, 신앙을 갖고, 말씀을 선포하고 지식을 추구하는 데 선구적인 역할을 했었다. 하지만 슬프게도 배움의 최고 목적인 경건함의 요소는 저버리고 대신 오랫동안 인간의 지식에만 몰두해 있었다. 인간의 지식이 형성되는 동안, 신적 계시를 통해서 오는 지혜, 다시 말해 지식을 정확하게 사용하는 통찰력이 수반되지 않는다면 인간의 지식은 올바로 형성될 수 없다. 너무나 많은 대학이 졸업하는 학생들에게 삶의 도전에 대처할 지식을 요구하고 있다. 불행하게도 이 지식은 진리와는 거리가 멀다. 인생을 충분히 준비하기 위해서는 계시적 차원이 필요하다. 하나님의 영을 통한 통찰과 깨달음이 학생들의 신앙 체계, 태도, 성격, 삶의 양식 -슬프게도 이러한 것들은 오늘날 우리 사회에 너무나 부족한 측면이다- 에 영향을 끼치는 것이다. 우리가 '계시'라는 단어를 사용할 때의 의미는 하나님의 계시된 말씀인 성경에 무엇인가를 더하거나 빼는 것이 아닌 인간의 삶을 창조자의 형상으로 변화시키는 진리의 계시에 대해 말하는 것이다.

　슬프게도 많은 신학교(seminaries)들이 공동묘지(cemetaries)로 전락해 버렸다. 왜일까? 나는 그 이유가 많은 신학생들이 그들의 살아 있는 믿음을 모더니즘, 포스트-모더니즘, 이신론(理神論)이라는 묘지에 묻어버렸기 때문이라고 생각한다. 대화와 타협이라는 것이 신학자들로 하여금 예수님의 신성을 부인 -예수님은 더 이상 하나님의 아들이 아니다- 하게 했으며 결과적으로 종교는 선한 일을 하는 모임으로 전락해 버렸다. 자기 수양의 철학이 초자연적인 요소를 대신했으며, 종교적 의식도 약간의 현실적 의미를 갖긴 하지만 사회의 약자들을 도와주는 버팀목 정도로 전락해 버렸다.

　시편 111편 10절은 "여호와를 경외함이 곧 지혜의 근본이라 그 계명을 지키는 자는 다 좋은 지각이 있나니"라고 말씀하고 있다. 이 말씀처럼 여호와를 두려워함으로 우리는 자신을 열고 초자연적인 계시를 받아들이게 된다. 우리 예수전도단(YWAM)은 열방 대학 안에서 이러한 도전을 받아들이고 있다. 왜냐하면 진정한 의미의 기독교 교육은 삶을 변화시키는 초자연적 계시의 역동성을 지녀야 하고 또 그것이 가장 중요한 것이 되어야 한다고 믿기 때문이다. 대학 졸업자들이 인격과 성

실성을 갖추고, 주어진 앞날의 일들에 대해서 위대한 비전을 갖도록 하는 것이 기독교 대학이 감당해야 할 몫이다. 이 책은 이 주제와 관련하여 완전한 연구라고 볼 수 없다. 단지 진정한 기독교 교육이 무엇인가를 소개하는 정도다.

하나님의 영감이라는 교육의 수단을 이해하기 위해서, 엠마오로 가는 길에서 예수님이 하셨던 가르침에 참여하도록 하자. 그리고 예수님이 그들의 인생 가운데 특별히 낙담해 있었던 두 명의 제자를 어떻게 교육하셨는지 그 전략과 방법을 자세히 살펴보도록 하자.

01

마음은 이성이 알지 못하는 동기들을 가지고 있다. ∞ 파스칼

계시의 빛이 들어오다

The heart has its reasons which reason knows not of.
_Blaise Pascal

이른 저녁이다.

어두운 하늘과 불길한 조짐은 지쳐 있는 두 사람의 분위기와 비슷하다. 길고 힘든 하루였다. 사실상 지난 3일은 모든 꿈과 희망, 기대가 무너진 엄청난 슬픔의 날이었다. 주위에서 일어나는 모든 상황들도 희망 없는 상태를 보여주고 있는 듯했다.

어떤 사람은 지진을 목격했다. 그들은 바위가 갈라지고, 무덤 문이 열리고, 하늘에서 불덩어리가 떨어지는 것을 보았다. 더욱 당혹스러운 것은 낮이 변하여 빛 하나 없는 캄캄한 밤이 되는 것을 본 것이다. 그것도 충분치 못해 그들의 지도자는 체포되어 고문받고 저주받으며 십자가에 못박혔다.

그들이 걸음을 재촉할수록 그 도시는 점차 지평선 위에 찍힌 검은 점이 되어 멀어져 갔다. 그들이 나누는 이야기는 온통 지난 3일 동안 일어났던 사건들에 관한 것이다. 그들의 대화는 "만약 …라면 어쩌지?", "왜"라는 질문으로 계속 이어진다.

그들은 희망에 찼었다. 하지만 지금 그 모든 희망은 사라졌다. 그 두 사람은 대화에 너무나 열중한 나머지 그들 곁으로 다가서는 낯선 사람의 부드러운 발걸음을 듣지 못했다.

잠시 멈추어 이 두 여행자의 곤경에 대해서 생각해 보라. 우리 중 많은 사람들이 인생의 어떤 단계에서 이와 같은 길을 걸었을 것이다. 우리는 예수님을 알고서 기쁨과 환희를 경험했다. 삶 속에서 그분의 손길을 느끼며 비전과 믿음이 일어나는 것을 보았다. 우리는 그분의 발 곁에 앉아서 단순하면서도 심오한 가르침에 영감을 받았다. 그런데 그 때 엄청난 재난이 닥친다. 질병, 죽음, 이혼 등 평탄하던 우리의 세계가 갑자기 뒤집혀진다. 예수님이 체포되고, 능멸받고 십자가에 못박힐 때 제자들이 그랬던 것처럼 우리는 낙담하게 되고, 두려움과 혼란 속에서 뿔뿔이 흩어져 버린다. 우리가 원하던 직장에 들어가지 못하거나 우리의 배우자가 암에 걸리거나 재산을 잃거나 우리의 십대 딸이 임신해서 집에 들어오거나 할 때, 마치 우리가 가장 힘들어하는 시기에 예수님이 우리를 버린 것처럼 보이지 않는가? 이렇게 힘든 시기에 예수님은 어디에 계시는 걸까?

예루살렘에서 엠마오로 향해 가는 길에서 예수님은 풀이 죽어 있는 제자들을 만났다. 그들은 예수님이 무덤에 있다고 생각했다. 예수님은 자신을 드러내지 않고 이렇게 질문했다. "걸어가면서 뭘 그렇게 열심히 토론합니까?" 그들은 놀란 표정으로 돌아보았다. "예루살렘에 있었으면서 어떻게 그 일을 모른단 말씀입니까?" 여행자 중 한 사람인 글로바가 물었다. 실제로 그 말의 의미는 "어리석은 질문이군요! 당신 혼자 그 일에 대해 모르는 것 같습니다. 정말 예수에 대해서 모른단 말이요? CNN의 헤드라인 뉴스에 그가 나왔잖소!"라는 것이었다.

"왜요? 무슨 일이 일어났는데요?" 예수님이 다시 물었다. 여기서 우리는 최근 사건의 중심 인물이면서도 두 제자들 곁에서 짐짓 모른 체하시는 예수님을 보게 된다. 왜 예수님은 이러한 방법으로 제자들에게 다가갔을까? 왜 자신을 신뢰하지 않은 것이나 이미 설명했던 일들을 믿지 않은 것에 대해 그들을 꾸짖거나 책망하지 않았는가? 예수님의 전략은 무엇이었을까? 왜 예수님은 그들을 어둠 속에 있게 하셨을까?

여기서 보면 예수님이 우리의 무지함을 허용하시는 것처럼 보인다. 하지만 내가 믿기로 예수님이 하시려 했던 말씀은 자신의 무지함을 깨닫고 옳은 질문을 하는 사람이 바로 진리와 지혜와 생명을 발견하게 될 사람들이라는 것이다. 제자들에 대한 시험은 이렇게 분명히 드러나는 자신들의 무지함에 그들이 어떻게 반응하는가 하는 데 있었다. 그들은 예수님을 무시하거나 가르치려 하지 않았던가?

많은 사람들이 예수님을 무시하려 했고, 인사조차 건네려 하지 않았다. 그들의 생각에 그분은 그럴 만한 가치가 없었다. 그들에게 가치 있고 중요한 것은 교육이나 지식과 같은 것이었다. 지식이 없는 사람들은 별로 가치가 없다는 것이다. 현대 사회에서 교육은 사람들 간에 큰 간격 -배운 사람과 배우지 못한 사람의 간격-을 만들고 있다. 배운 사람들은 우월감을 가지고 행동한다. 그들은 겸손한 체하면서도 다른 사람들을 누르고 자신들을 높인다.

예수님은 겸손한 자들을 하나님께 인도하기 위해서 겸손의 모습으로 오셨다. 그는 교만한 자들을 멀리하시고 그들에게 분노하시지만 겸손한 자들과는 만나시며 그들 속에 들어가신다. 예수님은 전능자로서 교만이 만들어 놓은 간격에 다리를 놓으셨다. 육체를 입으심으로 스스로 하찮은 존재가 되셨다(빌 2:8). 이러한 예수님의 접근법은 사회의 모든 방면에 큰 영향을 끼쳤다.

예수님은 그의 제자들을 모집하기 위해서 신학교가 아니라 해변가로 가셨다. 초대 교회의 사도들은 바리새인들이 아니라 어부들이었다. 왜일까? 하나님은 모든 교만을 대적하시고 겸손한 자들에게 복을 주시기 때문이다(약 4:6). 영적인 교만은 그 중에서 가장 다루기 어려운 것으로 예수님은 당시 종교 지도자들과 정면으로 맞서서 이 문제를 다루셨다. 그들의 종교적 자부심은 너무나 왜곡되고 기만적이라서 사람들을 더 이상 하나님께 다가갈 수 없게 만든다.

국가가 가지는 오만은 사회의 모든 영역에서 나타난다. 아일랜드와 대한민국은 교만 때문에 분단된 국가의 전형적인 예다. 교만은 우리와 우리 존재의 근원이신 하나님 사이에 벽을 쌓는다. 하나님이 교만을 싫어하시는 것은 너무나 당연하다. 우리가 하나님께 삶의 교만한 부분을 드러내 주시도록 우리 자신을 맡길 때, 육체의 질병이 치유되기도 한다. 이것은 우리 학생들 중 엘렌(Ellene)에게 일어난 일이다.

3년 넘게 엘렌은 가슴에 심각한 통증을 호소하며 고통을 겪어 왔다. 그것은 그녀에게서 모든 활기를 빼앗아 갔다. 그녀는 자신에게 심장병이 있는 것은 아닌가 해서 두 번이나 병원을 찾았지만 병원에서는 어떤 문제도 발견하지 못했다. 예수전도단의 리더와 강사들을 포함해서 많은 사람들이 그녀의 통증이 치유되기를 기도했다. 그들은 우리의 적인 사탄을 꾸짖고, 성경을 인용하면서, 그녀가 고통에서 자유케 되도록 노력했다. 그럼에도 불구하고 아무런 소용이 없었고 고통은 계속 되었다.

그녀는 남편과 함께 성경적 상담 학교(IBC:Introduction to Biblical Counseling school)에 참석하였다. 학기가 시작될 무렵, 엘렌은 리더에게 가슴에 자신을 묶는 큰 가시가 있다고 말했다. 그 리더는 "계속해서 주님을 바라보십시오. 주님은 당신을 자유케 할 것입니다!"라고 대답했다.

어느 날 저녁 그녀는 필독서인 탐 마샬의 「자유케 된 자아」(예수전도단 역간)를 읽고 있었다. 책에서 "당신의 상처를 그리스도께 맡기십시오"라는 소제목을 보았을 때, 그 말은 그녀의 상황과 꼭 맞아 떨어지는 계시로 희망과 생명의 강줄기가 되었다.

용서는 때때로 치유의 전제 요건이 된다. 그러나 용서 자체가 우리를 치유하는 것은 아니다. 마찬가지로 우리는 고통스럽고 부정적인 감정들을 처리하기 위해 그것들을 인식할 필요가 있다. 그러나 그것 역시 우리를 온전케 하지는 못한다. 우리는 우리의 상처를 그리스도께 내어 맡겨야 한다.

복음적 치유가 다른 치료 방법들과 구별되는 것은 실제로 살아 계시는 초월적인 구세주가 치료자로서 그 상황 가운데 들어오신다는 것이다. 예수님이 정말로 치유의 자리에 계시지 않는다면, 사람들을 붙들어 매고 있는 억압의 고통과 상처를 어렴풋이 아는 것만으로 마음 문을 열라고 격려하기가 사실 두렵다.

예수님이 그 곳에 계시기 때문에 우리의 상처가 느껴지는 즉시 자신의 상처를 그분께 내어드릴 수 있다. 계속해서 우리의 상처를 내어드리고 초자연적인 은혜로 자유케 될 때

죄와의 싸움이 끝나게 되는 것이다. 같은 방식으로 우리의 상처를 그분께 내어드림으로써 식역(어떤 의식 작용이 일어났다 사라졌다 하는 경계-역주)아래 남아있던 우리 고통과의 싸움이 끝나게 되는 것이다. 상처와 아픔은 우리의 마음을 떠나 예수님의 피로 들어갈 수 있다. 우리의 죄악과 불의처럼 말이다. 우리가 극복하리라고는 생각조차 못했던 상처가 영원히 떠나가는 것이다.

> 백성들아 시시로 저를 의지하고 그 앞에 마음을 토하라
> 하나님은 우리의 피난처시로다(시 62:8)

우리의 상처를 내어 맡길 때, 우리를 치유하시는 하나님 아버지의 무조건적인 사랑을 체험할 수 있다. 우리를 감정적인 미숙함에서 자라게 하시는 성령의 능력으로 말미암아 자유케 되는 것이다.

엘렌은 계시가 물밀듯이 밀려오자 움직이지 못하고 가만히 앉아 있었다. 하나님은 결혼 초기 그녀가 참아야만 했던 남편과의 갈등으로 인해 그녀가 품고 있었던 교만, 분노, 용서하지 못하는 마음을 보게 해 주셨다. 그녀는 그 감정들이 이미 처리된 줄로 알고 있었다. 그러나 이제

새로운 눈을 가지고 남편을 향한 자신의 교만한 태도와 반응을 보게 되었다. 자신의 마음속에 있는 추악함을 깨닫고, 그녀는 너무나 슬퍼서 3일 동안이나 울었다. 마침내 그녀는 남편에게 가서 용서를 구했다. 또한 하나님 앞에서 깊은 슬픔으로 애통하며 특별히 자신의 교만과 악독, 분노와 용서하지 않은 죄를 고백하며 회개했다. 그녀는 예수님에게 손을 내밀며, 여러 해 동안 가슴에 쌓아 두었던 그녀의 모든 스트레스와, 슬픔, 아픔들을 내어 놓았다. 그녀는 자신의 가슴에 손을 얹은 채 이렇게 말했다. "여기 있습니다. 나는 이 모든 스트레스와 슬픔, 아픔을 당신께 내어 놓습니다. 대신 그 자리에 당신의 초월적인 사랑을 받아들입니다."

바로 그 순간 깊게 숨을 들이마시자 가슴속에 해방감이 느껴졌다. 마치 신적인 의사가 자신을 만져준 것만 같이 따뜻함과 자유함을 느꼈다. 가슴의 통증은 완전히 사라졌고 다시는 아프지 않았다. 그녀는 나에게 이 이야기를 하면서 "다시 살 수 있을 것 같아요"라고 말했다.

엘렌의 경우 교만한 태도가 스트레스와 육체적 고통의 원인이 되었다. 문제에 대한 그녀의 무지는 그녀를 큰 아픔 속에 가두어 놓았다. 우리에겐 두 가지 선택이 있다. 무지 속에 계속 남아 있든지, 아니면 자신의 무지함을 깨닫고 이를 변화의 과정에 필요한 원동력으로 삼든지 신중하게 결정해야 한다.

눈의 구조를 통해 깨닫는 영. 적. 통. 찰.

무지는 불충분한 지식이다. 일단 우리가 이 사실을 깨닫게 된다면, 우리는 더 많은 지식을 선택하거나 아니면 무지로 인한 결과를 선택해야 한다. 눈의 수정체가 빛을 망막에 전달할 만큼 충분한 힘이 없거나 안구가 너무 짧은 경우 원시가 생기게 된다. 이것은 책을 읽기 위해 평소보다 더 멀리 책을 붙잡고 있어야 한다는 것을 의미한다. 작은 글자나 너무 가까운 물건은 흐릿하게 보인다. 무지는 삶 속에서 우리를 상처받기 쉽게 만들면서 지혜와 지식에서는 흐려지게 만든다. 우리는 무지 때문에 비틀거리고 넘어지면서 우리 자신과 다른 사람에게 상처를 입힌다.

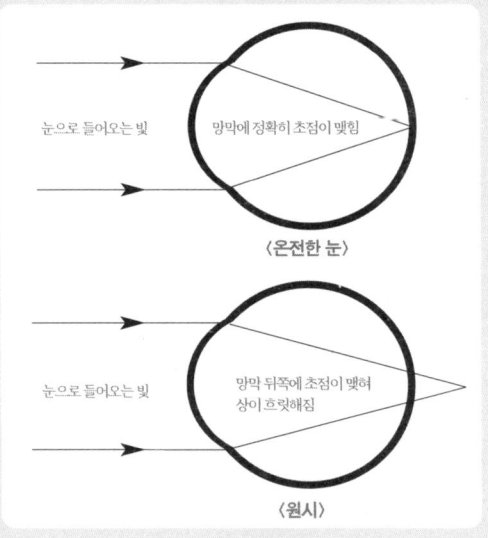

02

적면한 모든 것이 변화될 수 있는 것은 아니다.
그러나 적면하지 않고 변화될 수 있는 것은 아무것도 없다. ⓒ 제임스 볼드윈

기꺼이 배우라

Not everything that is faced can be changed
But nothing can be changed until it is faced.
　_James Baldwin

'무지'라는 말을 깊이

생각하다 보면, 여덟 살 때 학교에서 경험했던 일이 생각난다. 짧게 자른 회색 머리에 키가 크고 무뚝뚝하셨던 담임 선생님은 나에게 다른 반에 가서 몇 시인지 알아오도록 심부름을 시키셨다. 나는 누구나 볼 수 있을 만큼 큼직한 시계 바늘이 있는 학교 시계 앞에 섰다. 그러나 문제는 내가 시간을 볼 줄 모른다는 것이었다. 나는 선택의 갈림길에 섰다. 전체 급우들 앞에서 나의 무지를 인정할 것인가? 아니면 나의 무지를 감추고 대충 둘러대야 할 것인가? 나는 후자를 선택했다.

"6시인데요." 나는 중얼거렸다. 선생님은 눈을 치켜 뜨시며 나를 보셨다. 게다가 친구들의 낄낄거리는 웃음과 박장대소는 나를 엄청 당황스럽게 했다.

이것이 그냥 지나갔으면 별 문제가 안 되었을 텐데, 선생님은 반 분위기를 재미있게 하기 위해 나의 실수를 사용하기 시작했다. 그것이 계속될수록 나는 더 두려워졌고, 움츠러 들었다. 나는 왜 선생님이 나를 지적해서 이처럼 힘들게 하시는지 이해할 수 없었다.

작은 소리가 들렸다. "왜냐하면 네가 무식하니까. 너는 멍청이야, 브루스."

시간이 지날수록 나는 자주 무지와 관련된 수치와 고통을 느끼기 시작했다. 그녀가 의도한 것은 나를 부끄럽게 해서 시간을 볼 수 있게 하는 것이었을 것이다. 결과적으로 그것을 배우긴 했으니까! 하지만 그로 말미암아 나는 자아상을 형성하는 데 엄청난 대가를 지불해야 했다. 이 경험으로 인해 컴퓨터의 프로그램처럼 '열등감'이 내 마음속에 뿌리내리기 시작했고, 나 자신을 바꾸거나 다르게 생각하는 것이 어렵게 되었다. 일단 부정적인 상황이 일어나면 이 오래된 프로그램이 나를 괴롭혔다. 나에게 있어 무지는 곧 수치심이 되었다. 그것은 내 사람 됨의 가치를 떨어뜨리는 것을 의미했다. 결과적으로 나는 전염병을 대하듯 나의 무지를 인정하는 것을 피했다. 그러나 자신감의 가면 뒤에서 나는 불안감을 가지고 여러 해 동안 열등감과 싸워야 했다.

많은 부모들과 리더들이 수치심을 사용해서 사람들을 이끈다. 어떤 부모는 자녀들에게 창피를 주면 그들이 잘못된 길로 가지 않을 것이라고 생각한다. 이것은 우리의 적인 사탄이 사용하는 가장 강력하고 파괴적인 전략들 중 하나다. 수치심은 '내가 누구인가'라는 존재의 문제와 관련이 있다. 대조적으로 죄 의식은 나의 행위와 관련이 있다. 자녀에게 "너는 잘못됐어" 또는 "너는 실패자야"라고 말하는 것은 수치심과 비난을 더하는 것이다. 이것은 자녀들을 절망으로 이끌며 종국에는 사망에까지 이를 수 있다. 이와 달리 죄 의식은 개인과 그 행동의 문제를 구분지어 말한다. "그것은 잘못됐어" 또는 "그것은 실패야."

인간 됨은 그 행동에 문제가 있어서 그것을 지적하고 고치는 동안에도 소중하게 존중받고 인정되어야 한다. 많은 가정들이, 때로 어떤 문화들이 아이들을 수치심에 근거한 환경에서 길러내고 있다. 그러한 문화적 틀에 적응하는 자체만으로 수치심이 생기고, 결국은 그 개인이 가족과 관계를 끊어야 하는 데까지 이르게 된다. 어떤 문화에서는 죄 지은 자가 죽어야만 그 가정의 명예가 회복되는 곳도 있다!

"당신을 묶고 있는 수치심을 치유하라"(Healing the Shame that Binds You)의 저자 존 브래드쇼(John Bradshaw)는 다음과 같이 말한다. "우리의 학교는 인격 전체보다는 정신(사고)을 교육하는 데에만 온통 치우쳐 있다. 감정, 직관, 창조성에는 거의 관심을 갖지 않은 채 추론, 논리, 수학에만 많은 비중을 두고 있다. 우리 학생들은 흥미를 가지고 느낄 줄 아는 창조자가 아니라 암기 잘하는 모방자와 어리석은 순응

자들이 되어 가고 있다."

　지난 몇 년 간 뇌를 연구하는 데 있어서 우뇌에 대한 많은 연구 결과들이 드러났다. 뇌의 오른쪽 부분은 '느끼는 사고'를 하는 부분이다. 이것은 음악과 시의 핵심이다. 뇌의 우반부는 전체적이고 직관적인 부분을 담당한다. 그것은 암기보다는 상상력을 사용한다. 따라서 선천적으로 우뇌가 발달한 학생들은 자주 혼이 난다.

　나는 직관적으로 느끼고 아는 것 때문에 고통과 수치심을 겪어야 했던 총명한 학생들을 알고 있다. 지나치게 이성적으로 치우치는 것은 상상력과 감정에 대한 부끄러움과 거부로 나타난다. 예전에 한번은 주어진 문제에 대해 선생님에게 나의 예감을 말한 적이 있다. 그때 선생님은 추측이란 지식적 사고의 척도가 될 수 없다고 말씀하셨고, 정확한 자료를 찾아오라고 나를 도서관에 보내셨다. 결국 학교들은 인간 정신의 가장 활발하고 창조적인 측면을 모욕하고 있는 것이다.

　역사 가운데 가장 총명한 정신을 지닌 사람 중 하나인 알버트 아인슈타인은 학교에서 낙제한 사람이었다. 그러나 모든 인류 가운데 그만큼 우리의 지식에 많은 영향을 끼친 사람은 드물다. 대학 시절 나는 판에 박힌 듯한 지식이 추앙받는 환경 속에서 수치심이나 굴욕감과 싸우는 여러 사람들을 만났다.

지식의 신격화는 무신론적 인본주의를 통해서 나타나기 시작했다. 인간과 그들의 지식은 하나님의 자리를 대신했다. 이것의 잘못된 부산물로 무지한 사람과 지식을 갖지 못한 모든 사람들을 향해 짐짓 은혜라도 베푸는 듯한 태도가 생겨났다.

엠마오로 가는 두 여행자들에 대한 예수님의 접근은 그와는 정반대다. 모든 것을 이미 알고 있는 입장에서 그들에게 다가가기보다 예수님은 무지한 모습을 선택했다. 이러한 진리를 알고 나서야 나는 문제의 근본이 무엇인지 볼 수 있는 눈이 열렸다. 나의 정체성은 내가 가진 지식으로 지나치게 포장되어 있었다. 내가 너무나 많은 가치를 지식에 두었기 때문에, 만약 누군가가 진지하게 나의 믿음에 도전을 한다면, 나는 긴장해서 방어적이 되거나 심지어 정체성의 위기마저 겪을 것이다.

나는 각 나라를 여행하거나 사역을 하면서 이러한 사고가 얼마나 만연해 있고, 심지어 그리스도의 몸인 교회 안에까지 퍼져 있는지 보게 되었다. 로마서 8장 35절에서 바울은 말한다. "무엇이 하나님의 사랑에서 우리를 끊으리요?" 대답은 "아무것도 없다!"이다. 진정한 사랑이 나타날 때 아무것도 우리를 사랑에서 분리시키지 못한다. 하지만 안타깝게도 이 성경 본문은 자주 "무엇이 우리를 하나님의 교리에 대한 지식에서 끊으리요?"라는 의미로 은근슬쩍 바뀌어 버린다. 사랑은 우리를 하나 되게 한다. 교리적 차이는 슬프게도 우리를 분열시킨다. 우리는 이것에 대한 증거를 교회 역사에서 얼마든지 찾아 볼 수 있다. 우리의 정체성이 하나님의 사랑과 그분과의 관계 속에 있기보다는 하나님에 대한 지식에 있었기 때문에, 반복되는 분열이 일어났고, 새로운 교파가 만들어지고 상처와 분열의 장벽이 생겨난 것이다. 사랑의 회복만이 요한복음 17장에서 예수님이 기도하셨던 것처럼, 교회를 하나 되게 할 것이다. 기독교 신앙 위에 설립된 많은 대학들이 오늘날 무신론을 주장하는 데 앞장서고 있다. 왜냐하면 하나님을 인정하고 경배하는 것에서 인간과 그의 지식을 경배하는 쪽으로 사고의 전환이 일어났고 심지어 하나님에 대한 인간의 지식으로까지 확대되었기 때문이다. 인간은 하나님에 대한 지식보다도 자신들을 높여 왔다.

엠마오로 가는 길에서 예수님은 제자들이 눈을 열어 다른 관점에서 지난 사건들을 볼 수 있도록 기꺼이 무지한 모습을 취하셨다. 예수님과 달리, 우리의 무지는 가장된 게 아니라 실재하는 것이다. 그러나 동일한 원리가 적용된다. 자신의 무지를 인정하는 것은 진리에 대한 지식이 우리 속에 들어오도록 문을 여는 것과 같다. 이것은 곧 계시와 변화의 길로 우리를 이끈다. 무지를 인정하는 것은 빛이 들어와 우리로 보게 하는 것이다. 과거의 사람들이 하나님을 믿지 않고 인간이 만든 금과 은으로 된 우상을 섬기는 가운데 그들의 무지가 나타났다면 예수 그리스도의 오심 이후에는 더 이상 그런 무지가 허락되지 않는다. 대신 하나님은 이제 모든 사람들이 회개하도록 명령하신다. 오늘날 우리는 우주와 그 가운데 모든 인간을 창조하신 참된 하나님을 찾고 구할 필요가 있다.

눈의 구조를 통해 깨닫는 영. 적. 통. 찰.

거만함은 자신의 행위와 지식이라는 그릇된 방법으로 자신을 높이는 것이다. 성경은 마땅히 우리가 생각할 그 이상으로 자신을 생각하지 말라고 말씀한다. 눈의 수정체가 너무 볼록하거나 안구가 너무 길면 빛은 망막에 있는 광수용 세포(photo receptor cell)에 이르기도 전에 초점이 모아져 유리체 안에 상이 맺힌다. 이것이 멀리 있는 사물을 보기 힘들게 하는 근시인 것이다. 거만함은 우리의 내적 시야에 근시를 가져오며 우리로 넘어지게 한다.

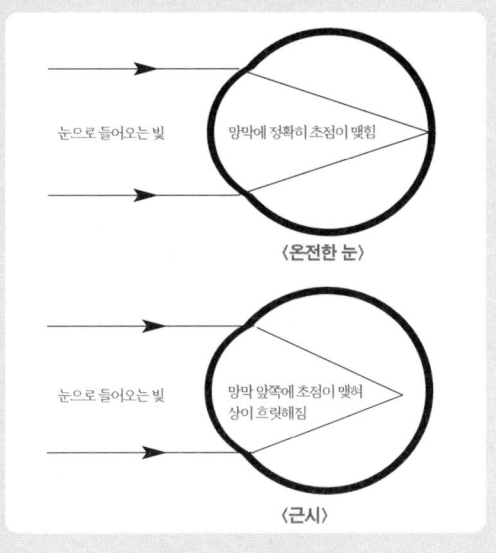

03

진실을 인정하지 않는 것은 어리석음보다 더 나쁘다.
왜냐하면 그 속에는 내일을 위한 불씨가 담겨 있기 때문이다. ∽ 펄 S. 벅

자만을 버려라

It is worse than folly...not to recognize the truth,
for in it lies the tinder for tomorrow.
_Pearl S. Buck

두 제자들은

십자가에 관련된 지난 사건들에 대해 예수님이 잘 모르고 있다는 사실 때문에 그분을 거부하지 않았다. 대신 일어난 것에 대해 그들이 본 대로 설명할 기회를 가졌다. 그렇게 함으로써 그들은 깨달음으로 나아가는 길 위에 놓인 첫 번째 장애물을 통과했다. 적극적인 듣기 기술을 사용하여 예수님은 그들의 사고와 깊은 감정들까지 끄집어 내어 그들이 무엇을 말하는가를 들으셨다. 어떤 시점에 이르자 예수님은 갑자기 대화의 방향을 바꾸셨다. 아무것도 모르는, 단지 적극적으로 듣고만 있는 입장에서 선생님과 강연자의 역할로 바꾸신 것이다. 이 부분에서 여행자들은 깨달음으로 가는 여정의 두 번째 잠재적인 장애물을 만나게 된다.

"미련하고 선지자들의 말한 모든 것을 마음에 더디 믿는 자들이여" 예수님은 그들을 꾸짖으셨다. 오늘날 사용하는 일상 언어로 다시 표현하자면 "오 어리석은 사람들아, 바보들아! 멍청이들아!"라고 말하신 것이다. 현대 카운슬링(상담)에서는 추천할 수 없는 접근 방법이다.

만약 당신이 위기 가운데 있는데, 누군가가 이렇게 말한다면 어떻게 반응하겠는가? 상처를 받고 화를 내겠는가? 아니면 아예 폭발해 버리겠는가? 당연히 여행자들은 화를 낼 수 있었다. 그들에게 다가온 낯선 사람은 처음에는 완전히 무지하더니 갑자기 돌변해서 모든 것을 아는 체하고 있다. 이때 제자들이 보일 수 있는 반응은 예수님을 배제하고 그들만의 대화를 계속하는 것이었을 것이다. 나는 이것을 거만함에 대한 시험이라고 부른다. 여기서 우리는 예수님의 태도를 거만한 것으로 해석하기 쉽다. 그러나 실제로는 그렇지 않다.

예수님이 다루고 있는 것은 무엇인가? 그것은 자신들이 언제나 옳아야 한다고 믿는 자세와 관련되어 있다. 토론과 논쟁을 할 때 우리 중 얼마나 많은 사람들이 자신이 옳아야 한다고 생각하는가? 우리가 잘못된 것을 알지만 그것을 인정하기는 어렵지 않은가?

우리는 중요한 네 글자 "미안해요"를 말해 보려고 애쓴다. 실제로 우리가 해결해야 하는 것은 거만함과 상처 입은 자존심에 대한 싸움이다. 나는 이것을 깊이 생각하면서, 그것이 얼마나 보편적인 문제인가를 깨닫게 되었다.

종종 상대방의 거만함이 겉으로 드러날 때 우리는 그에 대해 맞서기 쉽다. 나의 아내 바바라와 무엇인가를 토론할 때, 나는 여러 번 나 자신이 옳아야 한다는 이런 마음과 싸웠다. 이러한 마음의 자세를 방치해 버리면, 아내와 나 사이에는 어느새 긴장이 생기기 마련이다. 항상 내가 옳아야 한다는 마음은 우리 모두에게 문제를 일으킨다. 해결하지 않으면 별거나 이혼까지도 갈 수 있는 것이다.

내가 의대생이었을 때 IVF(Inter Varsity Christian Fellowship; 복음주의 학생 선교 단체)에서 성경공부를 인도했었는데 간혹 뜨거운 논쟁과 토론에 휩싸이게 될 때가 있었다. 지금 뒤돌아보면 그러한 일들은 내가 틀렸다고 인정하는 것이 곧 나 자신의 가치를 떨어뜨리는 것이라고 믿었기 때문에 일어난 것이었다. 우리가 지난 장에서 보았듯이 그러한 잘못된 가치는 종종 우리의 부모님, 선생님, 또는 영향력 있는 유명한 사람들로부터 학습된 것이다. 어떤 아이가 잘못해서 벌을 받을 때, 그 아이는 자신의 잘못된 행동에도 불구하고 부모님의 사랑은 변하지 않는다는 사실을 알아야 한다. 그러나 너무나 자주 부모들은 자녀들에게 비판적이고 판단하는 말들로 벌을 준다. 그러면 아이는 자신의 행동이나 태도로 인해 꾸지람을 듣기 때문에 자기가 무가치하다고 느끼게 된다. 결과적으로 잘못될 경우를 미리 두려워한 나머지 어떤 것도 행하지 못할 수도 있다.

이것은 나의 인생에서 여러 해 동안 실제 일어났던 일이다. 나는 내가 틀릴지도 모른다는 두려움에 완전히 갇혀 버렸다. 그 결과 나에게는 수동적이고 움츠러드는 삶의 영역들이 많아지게 되었다. 그러나 나는 이것들이 변화받게 된 때를 기억한다.

    내가 하와이 열방 대학(U of N)에서 강의를 하던 어느 아침 휴식 시간에 당시 40대였던 디에나(Diana)라는 학생이 나에게 다가왔다. "당신과 따로 만나고 싶은데 약속을 정할 수 있나요?" 그녀가 물었다. "물론입니다." 나는 대답했다. 나는 그날 오후 방파제 옆에서 그녀와 만나기로 약속했다. 그곳은 상담하기에 아주 훌륭한 장소였으므로 나는 종종 거기서 사람들과 만났다.

    디에나와 나는 소금 얼룩이 있는 나무 의자 위에 함께 앉았다. 오전 내내 있었던 긴 강의를 끝내고, 그저 키 크고 운치 있는 코코야자나무 아래 그렇게 앉아 있었다. 울퉁불퉁한 화강암 바위 위로 세찬 파도가 부서지고 있었다. 새 힘이 솟아나고 영감이 떠오르는 것 같았다. 2, 3분 동안의 짧은 대화 후에 그녀는 한 장의 종이 조각을 주머니에서 꺼냈다. "브루스 박사님, 저는 당신과 당신의 사역에서 잘못된 열두 가지의 사항들을 같이 나누고 싶습니다." 그녀는 나를 완전히 무방비 상태로 내몰았다. 그녀의 뜻밖의 말은 나를 혼란스런 감정의 소용돌이 속에 빠지게 했다. 처음에 나는 화가 났다. '아니, 이 여자는 도대체 자신이 뭐라고 생각하는 거지? 자기는 단지 1학년 학생이고 나는 학장인데!' 그녀가 발견했다는 12개의 잘못을 나누고자 할 때 나는 갑자기 분노가 치밀었다. 나는 그 분노를 막 폭발할 참이었다.

"하나님 도우소서." 나는 간절하고도 조용하게 하나님께 구했다. "그것이 너의 상처 입은 자존심이다." 성령님이 말씀하셨다. 나의 합리화와 변명은 그분을 당할 수가 없었다. 마음속으로 나는 그것을 인정했고 회개하였다.

그녀가 나에 대한 비판을 마치자 나는 놀란 감정을 추스렸고 하나님은 내가 어떻게 응답해야 할지를 알려주셨다.

"나의 사역에 대해서 생각하고 기도하느라 시간을 내주신 것에 대해 감사합니다." 이제 그녀가 당황할 차례였다. "나는 당신이 괜찮다면 이 목록을 가져가서 하나님 앞에 펼쳐 보이고 싶습니다. 당신이 나에게 말한 것이 사실이라면 그것을 고치기 원합니다."

그런데 너무나 놀랍게도 그녀가 울음을 터트리는 것이 아닌가!

'이런. 내가 지금 무엇을 했지?' 나는 혼자 속으로 생각했다. 그녀는 걷잡을 수 없이 흐느꼈다. 나는 그녀가 평정을 되찾을 때까지 기다렸다. 내가 어떤 암시를 준 것도 아닌데 그녀는 유년 시절에 겪은 외상들—그것은 그녀가 결코 누구에게도 얘기하지 않았던 비밀이었다!—로 인한 깊은 상처와 두려움을 드러내며 그녀의 마음을 쏟아내기 시작했다. 결과로 보자면 그녀가 나를 비판한 일로 말미암아 하나님이 역사하시게 된 것이다. 하나님은 그녀가 과거로부터 받았던 깊은 비판과 거부의 상처들을 치유하기 시작하셨다. 하지만 디에나만을 도우신 것이 아니었다. 나는 그녀의 뜻밖의 감정 폭발을 통해 내 속에 깔려 있었던 '나는 항상 옳아야 한다'는 생각의 원인을 알게 되었다. 그것은 아직도 깨지지 않은 자존심이라는 깊은 뿌리였다. 그 다음 몇 주 동안 나는 내가 잘못했을 때 그것을 인정하기가 훨씬 더 자유로웠다. 나는 다른 사람의 관점에서 보는 일에도 더욱 열려 있었다. 나의 진정한 가치는 외부에서 오는 것이 아니라 내 안에서 생겨나는 것임을 점차 깨닫게 되었다. 즉, 나의 가치는 나의 지위에 있는 것이 아니라 나의 인간 됨됨이 속에 있었다.

햇빛 비치는 어느 날 방파제 옆에서 디에나와 가졌던 역동적인 상호 교류 속에서 하나님이 하신 일을 더욱 자세히 분석해보도록 하자. 우리는 이것을 상담 과정에서 사용하는 효과적인 방법으로 설명할 수 있다. 이것은 '조하리의 창'(Johari Window)이라고 불리는데 학생과 스태프 사이에서, 또한 학생들 사이의 상호 교류에서 자주 일어나는 드러냄과 변화의 역동성을 설명해 준다.

대부분 상담 과정을 공부하는 우리 스태프와 학생들은 3개월 동안 한 공동체로 함께 살아간다. 기도와 찬양 속에서 하나님은 우리 가운데 운행하시며 매일의 일상도 커리큘럼의 한 부분이 된다. 학생들의 인격적 성장과 발전을 돕기 위해 스태프들은 학생들과 개인적인 만남의 시간을 가진다. 그리고 학생들은 다른 학생들과 함께 그룹에 참여한다. 우리는 이 공동체 속에서 조하리 창문이 보다 잘 나타나는 것을 보게 된다. 조하리 창은 다음의 도표로 설명된다.

공개된 영역	맹목의 영역
숨겨진 영역	미지의 영역

우리가 보듯이 사람의 내적 마음은 네 가지 부분으로 나뉘어진다. 이 마음의 영역들을 더욱 자세히 살펴 보자.

1. 공개된 영역(Open Area)

이 영역은 내가 솔직하게 다른 사람과 공유하는 마음의 영역이다. 나는 이 영역에서 다른 사람과 관계를 맺는다. 요한1서 1장 7절에서는 빛 안에서의 교제로 표현하고 있다.

2. 숨겨진 영역(Hidden Area)

이 부분은 내가 부끄러워하고, 다른 사람들이 나의 은밀한 비밀을 알고 나를 거부할까봐 숨기는 마음의 영역이다. 이로 인해 가면을 쓰거나 벽을 쌓기도 한다. 이 영역은 교제가 불가능한 어둠의 영역이다. 단지 위기의 순간에만 열어보이는 마음이다.

3. 맹목의 영역(Blind Area)

이 부분은 나는 보지 못하나 나와 가까운 다른 사람은 매우 분명히 보는 마음의 영역이다. 나는 이 부분이 실제로 있다는 것을 거부하고 부인한다. 그 결과 이 차원에서는 하나님이나 다른 사람, 그 누구와도 교제할 수 없다.

4. 미지의 영역(Unknown Area)

이 영역은 하나님을 제외하고는 누구에게도 알려지지 않은 곳이다. 이 부분은 우리의 삶 가운데 깊은 마음의 문제들과 관련되어 있다. 종종 자신의 성격이나 인간 관계에서 비롯되는 갈등에 대한 해결책이 있는 곳이기도 하다. 우리의 인성은 우리가 태어난 지 6-7년 내에 형성되기 때문에, 이 시기 동안 겪는 정신적 쇼크는 인성 발달에 좋지 않은 영향을 끼치게 된다. 이 네 번째 영역 안에서 우리는 고통과 수치심, 두려움과 죄책감 등의 감정들과 종종 맞닥뜨리게 된다.

조하리의 창이 나와 디에나 사이의 상호 교류에 어떻게 적용될 수 있는지 살펴보도록 하자. 우리는 '공개된 영역'에서 서로 관계를 형성하기 시작했다. 그녀는 내가 잘못하고 있다는 열두 개의 목록을 보여줌으로써 나의 '미지의 영역' 안으로 들어왔다. 나는 처음에 그녀가 이 영역에 들어오는 것을 반대했지만, 하나님의 은혜와 도움으로 그것을 허락하게 되었다. 그녀는 내가 자신을 비난하고 거부하기를 기대했다. 이것은 그녀의 삶 가운데 언제나 있어 왔던 방식이었다. 하지만 내가 다르게 반응함으로 그녀의 방어적 태도가 가라앉았고, 그녀 안에 있던 무엇인가가 깨어져서 자신의 '숨겨진 영역'이 드러난 것이다. 요점은 다음과 같다.

1단계

공개된 영역	맹목의 영역
숨겨진 영역	미지의 영역

대화가 시작될 무렵 우리 둘의 공개된 영역은 제한되어 있었다.

2단계

공개된 영역	맹목의 영역
숨겨진 영역	미지의 영역

디에나가 보여준 목록을 통해서 하나님은 나에게 고쳐야 할 진리의 측면을 보여주셨고 나의 맹목의 영역은 감소되었다.

3단계

공개된 영역	맹목의 영역
숨겨진 영역	미지의 영역

동시에 디에나가 그녀의 마음을 열면서 그녀의 숨겨진 영역은 줄어들었다.

4단계

공개된 영역	맹목의 영역
숨겨진 영역	미지의 영역

우리의 관계에서 공개된 영역은 증가하였고 우리의 교제는 깊어졌다.

이렇게 둘 사이에 공개된 영역이 증가하자 어둠이 사라지고 빛이 들어오게 되었다. 서로를 사랑하면서 진리를 말해 주는 것은 교제를 깊게 할 뿐만 아니라 서로가 성장하도록 도왔다. 에베소서 4장 15절은 우리에게 진리와 사랑을 통해서 성숙함으로 자라가도록 말씀하고 있다. 우리 학생들의 소그룹에서 이러한 경험들은 역동적으로 나타난다. 한 자매는 자신의 경험을 이런 식으로 표현했다. "다른 학생들이 자신의 이야기를 할 때, 그들은 나의 모습을 보여주는 거울과 같았습니다. 그들이 자신의 갈등과 시련을 말할 때, 나는 나 자신의 맹목의 영역과 문제가 있는 행동 양식을 깨닫게 되었습니다. 나 혼자만 중독과 수치심으로 몸부림치는 게 아니라는 것을 알았습니다. 또한 내 속에서 진행되고 있는 것들을 말로 표현하도록 도와 주었습니다."

어느 날 젊고 영민한 그리스도인인 칼(Carl)이 나를 만나러 상담실에 왔다. 그는 자신이 씨름하고 있는 깊은 좌절감을 말하기 시작했다. 그의 말 속에는 자기 인생을 인도해주시지 않는 하나님에 대한 비난이 명백히 담겨 있었다. 그는 결정해야 할 여러 문제들로 중압감을 느끼고 있었으나 하나님으로부터 아무런 응답도 듣지 못하고 있었다. 나는 그가 말할 때, 말 자체를 듣기보다는 그 말 뒤에 숨겨져 있는 것을 들으려 했다. 나는 내 앞에 앉아 있는 이 젊은이가 매우 자신감에 차 있고, 자기의 능력을 믿고 있는 사람이라는 것을 알 수 있었다. 세상의 눈으로 볼 때, 이것은 장점이 될 수 있다. 그러나 하나님 앞에서는 자신과 자신의 성취에 대한 믿음은 곧 자만심을 드러내는 것이었다. 칼과 계속된 만남을 가진 후에, 나는 그가 해답을 찾기 위해서는 자만심을 해결해야 한다는 결론에 이르게 되었다. 나는 그에게 몇 번씩이나 하나님이 우리를 거부하시는 것같이 보이는 상황에 대해 지적했다. 사실 하나님이 우리를 거부하시는 것이 아니라 우리의 자만심이 우리를 거부하는 것이다. 베드로전서 5장 5절에 분명히 나와 있는 것처럼, **하나님은 교만한 자를 물리치시고 겸손한 자에게 은혜를 베푸신다.**

나는 일부러 칼이 그것에 대해 답하거나 변명하지 않도록 했다. 대신 그가 이 말을 기억하고 돌아가서 그것에 대해 생각하고 기도하도록 했다. 우리는 다음 방문 때 그것에 대해 다시 얘기하기로 했다.

다음 만남에서 나는 하나님이 칼의 마음에 어떤 일을 행하셨는지를 알게 되었다. 그의 눈은 여러 해 동안 보지 못했던 마음의 영역을 보았을 때 열리게 되었다. 그는 자신을 낮추면서 거만하고 자만했던 것에 대해 용서를 구했다. 그리고 결정의 상황에서 하나님으로부터 받은 분명한 응답을 기쁨으로 나누었다. 자만심을 해결함으로써 이 젊은이는 자신의 장애물을 제거했을 뿐만 아니라, 그가 그토록 원했던 하나님의 인도하심을 받았다. 이제 그는 자신이 옳은 길을 가고 있다는 확신을 가지고서 자유롭게 그의 인생의 여정을 계속 할 수 있게 되었다. 이와 동일하게 엠마오로 가는 두 제자들도 예수님을 통해 깨닫게 된 자신들의 교만함을 기꺼이 해결함으로써 이제 예수님과 더불어 셋이 함께하는 여행을 할 수 있게 되었다.

눈의 구조를 통해 깨닫는 **영. 적. 통. 찰.**

삶에서 기분을 전환시켜주는 오락들은 종종 정말 중요한 것에 대한 우리의 초점을 흐리게 하거나 약화시킨다. 그러므로 우리의 관심과 에너지가 덜 중요한 것에 낭비될 수도 있다(마 6:33).

각막의 표면이 일정하지 않으면 수정체가 빛의 초점을 정확하게 모으지 못하게 된다. 흐릿한 상은 소위 난시라고 하는 비정상적인 각막의 굴곡으로 생기는 것이다. 교정 렌즈는 빛이 눈으로 들어올 때 그것을 조절하여 이런 상태를 극복하게 해준다. 하나님의 말씀은 우리가 더욱 분명하게 참된 자아상을 보도록 돕는 교정 렌즈와 같다.

04

역경만큼 좋은 교육은 없다. _벤자민 디스랠리

온전히 집중하라

There is no education like adversity.
_Benjamin Disraeli

여행이 계속되면서

예수님은 그들이 진리를 깨닫는 데 한걸음 더 나아가도록 하셨다. 예수님은 성경을 풀어 설명하기 시작했다. 예수님이 성경을 풀어 설명하실 때, 제자들의 마음은 뜨거워졌다. 십자가에 못박으라는 군중의 외침 속에서 그들은 하나님의 참된 목적을 듣지 못했던 것이다. 이제 예수님이 구약 성경의 예언서를 설명하기 시작하시자, 그들은 집중해서 들었고 그들의 마음은 흥분되었다. 엠마오로 가는 길에서 만난 이 낯선 사람이 그들 안에 다 사라져버린 깨달음과 희망을 다시 회복시키고 있었다.

그들의 발걸음은 생기로 넘쳤다. 예수님의 말씀은 굶주림과 낙담으로 지쳐 있던 영혼에 격려와 새로운 힘을 불어 넣음으로써 생명을 주고 있었다. 먹을 것에 대한 욕망은 마태복음 4장 4절의 진리를 상기하면서 완전히 사라져 버렸다. "사람이 떡으로만 살 것이 아니요 하나님의 입으로 나오는 모든 말씀으로 살 것이라." 예수님의 말씀은 굶주리고 병들어 있는 그들의 영혼에 양식이 되었다.

우리가 듣고 마음속에 받아들이는 하나님의 말씀은 우리 삶에 강력한 영향력을 끼친다. 그 말씀은 언젠가 우리의 살과 피가 되어 삶 속에 나타난다. 이것이 바로 TV나 다른 언론 매체를 접하는 우리가 왜 하나님의 말씀에 더 집중하고 사람들의 말에 덜 집중해야 하는가에 대한 이유다.

예수님이 두 제자들에게 들려주신 말씀은 그들 영혼의 펌프에 물을 부어 계시가 흘러나오도록 하였다. '그들의 마음은 속에서 뜨거워졌다.' 다시 말해 예수님의 말씀이 그들 속에 깊숙이 뚫고 들어가 그들이 이제 받아들이게 될, 믿을 수 없는 놀라운 계시 —그들의 삶을 변화시킬 뿐만 아니라 많은 나라들과 세대들을 변화시킬 계시—에 대해 준비시키고 있었다. 계시는 종종 우리의 마음이 흥분되는 것으로 시작한다. 그러나 거기서 멈춘다면, 단순히 마음의 지식으로 끝날 뿐이다. 우리에게 전달되는 진리가 실제적으로 우리의 삶에서 역사하기 전까지는 지식은 지식일 뿐 '계시'가 되지는 않는다.

많은 대학들과 그에 상응하는 제3의 교육 기관들이 기도와 신앙의 분위기를 형성하는 데 선구적인 역할을 해왔다. 하나님의 말씀의 계시는 그들의 기초가 되었다. 그러나 오늘날에는 인간의 지식이 너무나 높게 평가되면서 그것이 하나님에 대한 지식을 대신해 버렸다. 피조물이 창조자에게 말한다. "나는 나다. 너는 아무것도 아니다." 하나님을 이렇게 처리해 버린 인간은 계속해서 말한다. "나는 나야! 하나님은 우리가 믿기에는 너무나 멀리 있는 존재일 뿐이야. 그는 단지 우리의 상상력이 만들어낸 부산물에 불과해." 사람들은 이러한 "나는 나"라는 의식을 가지고 우주와 은하계를 정복하면서 세계를 다스리게 되었다. 그리고 무신론적 인본주의라고 불리는 새로운 바벨탑을 쌓았다. 그러나 고대 바벨탑처럼 이 탑도 무너지게 되어 있다. 무신론적 인본주의는 이제 막다른 길에 다다랐다.

자신의 참된 정체성에 대한 계시는 오직 하나님의 말씀을 듣고 받아들이고 순종하는 것을 통해서 온다. 예수님이 성경 전체를 통해 자신을 설명할 때, 두 제자는 주의 깊게 들었다. 이스라엘과 우리를 향한 하나님의 큰 외침은 시편 81편 8절에도 잘 나타나 있다. "내 백성이여 들으라 내가 네게 증거하리라 이스라엘이여 내게 듣기를 원하노라." 먼저 기꺼이 들으려 하는 것이 첫 단계다. 하나님은 우리가 그의 말씀을 들을 뿐만 아니라 그 말씀을 사랑하고 순종하도록 요구하신다(시 119:5). 이것을 행할 우리의 능력은 우리 마음의 상태에 달려 있다. 이 원리는 마태복음 13장에 있는 "씨 뿌리는 자"의 비유에서 볼 수 있다.

어느 날 예수님은 제자들과 함께 갈릴리 호수 쪽으로 잘 닦여진 길을 걷고 있었다. 그 때는 파종하는 시기였다. 근처의 밭에서는 농부가 씨를 뿌리고 있었고 어떤 씨앗들은 그들이 걷던 길가에 떨어져 발에 밟혔다. 마침 머리 위로 날개를 퍼덕이는 한 무리의 새 떼가 날아와서는 길가에 떨어진 씨를 쪼아먹기 시작했다. 예수님과 제자들이 호숫가에 이르렀을 때에 많은 군중들이 모여 들었다. 예수님은 배에 올라 앉으시고 둘러 선 무리는 예수님의 말씀을 듣기 위해 기다리고 있었다. 씨 뿌리는 농부의 모습을 가장 먼저 떠올리신 예수님은 그것을 사용해서 씨 뿌리는 자의 비유를 말씀하기 시작했다.

길가(뿌리 내리지 않는 땅)

이 토양은 자신들의 일상이 최고로 중요해서 그것에 자신을 다 소진해 버리는 사람들에 대해 말한다. 그들은 하나님의 말씀에 전혀 무관심하며 진리를 추구하는 데도 관심이 없다. 인생의 중요한 사안들과 인생을 꾸미는 부수적인 일들(집을 짓는 일, 사업을 시작하는 일, 스포츠 활동에 참여하는 일, 재산을 모으는 일 등)이 그들의 마음을 온통 사로잡아서 마치 잘 닦여진 길가와 같이 되어 버렸다. 그곳을 지나는 무수한 걸음들은 한때 느슨했던 토양을 단단하게 다져서 결국 하나님의 말씀을 이해하고 받아들이는 우리의 능력을 파괴해 버렸다.

포장된 길 위에 발자국이 남지 않는 것처럼 하나님의 말씀도 바쁜 사람들의 귓가에 머물지 않는다. 그들이 일상의 일들에 사로잡혀 있기 때문에 말씀은 그들 속에 뿌리를 내리지 못하게 된다. 결과적으로 하나님의 진리는 사탄이라는 새들의 먹이가 되어 없어지고 만다. 즉, 이성적 논쟁, 정치적 판단, 동료와의 경쟁심, 지적인 거만함 등에 의해 낚아채이는 것이다. 우리에게 뿌려진 씨앗이 사라져 버린다면 그것은 우리의 잘못이다.

뿌리 내리지 않는 딱딱한 토양을 바꿀 수 있는 한 가지 방법이 있다. 농부가 쟁기를 가져오면 된다. 쟁기의 날카로운 날이 단단하게 굳은 토양 사이를 뚫고 들어가서 공기와 물이 그 사이로 들어가게 하면 된다. "오, 안 돼!" 토양은 외친다. 그러나 농부에게는 달리 대안이 없다. 황폐화된 토양이 비옥하게 되기 위해서는 정체성의 위기라는 고통도 겪어야 한다. 예레미야는 우리에게 주님의 길을 예비하도록 묵은 땅을 갈아엎으라고 도전하고 있다(렘 4:3). 단단한 토양 같은 마음에는 두 가지 선택만 있다. 계속해서 말씀에 저항하든지 아니면 마음 문을 열고 쟁기의 날을 받아들이든지 둘 중 하나다.

우리가 마음의 단단한 것들을 갈아엎도록 쟁기의 날을 받아들이지 않는다면 이 영역들은 변화되지 않은 채 계속 남아서 결코 열매를 맺지 못할 뿐만 아니라 그리스도의 삶을 나타낼 수도 없을 것이다. 쟁기를 받아들이는 대신 성령께서 주시는 확신에 그럴 듯한 이유를 붙여 내던지는 것이다. 우리는 하나님의 말씀보다 이성에 더욱 높은 권위를 부여한다. 그 결과로 우리의 눈도 멀게 된다. 이 맹점(망막이 없어서 빛을 분간하지 못하는 부분)이 우리의 성격적 결함과 취약점을 만든다.

용서하지 않는 마음은 분노와 쓴뿌리를 만들어 우리의 마음을 딱딱하게 굳히는 일을 한다. 그것은 우리 안에서 썩어가는 감정의 암덩어리와도 같다. 우리가 용서해야 하는 책임을 회피하고 합리화해버리기 때문에, 하나님의 사랑과 용서의 씨앗이 우리의 단단하고 저항하는 마음을 뚫고 들어올 수가 없는 것이다.

돌밭

언뜻 보기에 이 토양은 앞의 길가 토양보다는 하나님의 말씀에 잘 반응하는 것 같다. 땅은 마치 씨를 간절히 기다려 왔다는 듯이 잘 받아들인다. 짧은 기간이지만 성장도 있다. 그러나 이렇게 영적으로 좋게 보이는 것들이 실제로는 허상에 불과하며 우리가 쉽게 속는 부분이다.

여기서 우리가 다뤄야 할 것은 겉으로는 다 갖춘 것 같으나 진짜 뿌리는 없는 돌밭 같은 위선의 마음이다. 돌밭의 흙은 아주 얇게 덮여 있어서 고통과 희생이 요구되고, 날씨가 좋지 않으면 뿌리가 이내 시들어 버리고 초기에 반짝했던 열정도 죽어버린다. 앞에서 말한 길가 토양의 단단한 속성과는 달리 이 돌밭은 전혀 다른 속성을 가지고 있다. 이 밭은 너무 단단해서 쟁기의 날이 뚫고 들어갈 수가 없다. 대신 농부는 돌을 제거하고 토양이 씨를 잘 받아들일 수 있도록 곡괭이를 가져와야 한다.

"안 돼요! 안 돼. 주님" 새로운 방식으로 갈아엎어지는 토양은 당혹감 속에서 외친다. "나는 쟁기질을 당하고 나서 이제 막 회복되고 있단 말이에요. 왜 또 이렇게 하십니까?"

돌밭 토양을 바꾸는 것은 쉬운 일이 아니다. 그것은 느리면서도 고통을 수반하는 일이다. 이 일은 돌 주위에 붙어 있는 딱딱하게 굳은 흙을 부수는 작업이며 거친 농부의 근육에서 나오는 힘이 필요하다. 곡괭이는 조금씩 흙을 뚫고 들어가 간격을 느슨하게 한다. 이제 이 토양이 식물을 내려면 돌들이 제거되어야 한다. 농부는 돌들을 모아 벽을 쌓는 데 사용하거나 수레에 실어 내다 버린다.

요즘 이스라엘에서 새롭게 개간한 밭을 보면 이를 쉽게 확인할 수 있다. 원래 생산이 불가능했던 땅을 밭으로 개간한 곳 모퉁이마다 돌무더기가 쌓여 있는 것을 자주 볼 수 있다. 나는 모리셔스(Mauritius)라는 섬나라에서도 이와 같은 농장의 특징을 관찰할 수 있었다. 이런 나라들에서는 좋은 땅이 매우 드물기 때문에, 농부들은 돌을 부수는 고된 일을 기꺼이 감수해야 한다. 이 일을 할 때 곡괭이는 매우 필수적인 도구다.

   돌밭 토양은 느낌을 매우 중요시하는 우리 마음의 영역들을 나타낸다. 하나님의 진리와 그의 말씀보다는 우리의 감정이 우리를 이끄는 주요한 힘이 된다. 우리는 하나님의 치료의 손길이 필요한 마음속 깊은 곳에 있는 상처들을 인정하는 대신, 우리의 행위들을 감정적으로 변명해 버린다. 하나님의 임재에 대한 지나친 느낌의 강조는 때로 참된 믿음을 왜곡시켜 버린다. 그들은 하나님이 가까이 계시다는 특별한 느낌이 사라졌을 때 낙담하게 된다. 곡괭이로 우리 안에 있는 돌들을 파내고 우리의 상처를 드러내지 않는다면 우리의 성장도 멈추게 된다.

가시떨기 밭

이 토양은 생산적이면서 모든 좋은 특징들을 가지고 있다. 돌도 없고 깊고 비옥하여 물도 잘 스며든다. 씨를 뿌리면 땅 위뿐만 아니라 땅 속으로도 떨어져 싹이 올라오고 뿌리를 내리기 시작한다. 이 토양은 모든 기대와 목적을 만족시키며 풍작을 이루어낼 것이다. 그러나 표면상 직접적으로 드러나지 않는 문제가 있다. 그것은 통찰과 분별력이 있어야 알 수 있다. 토양 속에는 잘 보이지 않게 사탄이 심어 놓은 또 다른 씨앗들이 숨어 있다. 이 밭은 믿음이 부족하여 하나님을 신뢰하지 못하는 마음을 나타내는데, 이유 없는 두려움과 지나친 염려의 가시들이 이 토양에서 잘 자라난다. 하나님의 진리라는 줄기가 자라고 뻗어 나갈 때, 가시 또한 엄청난 속도로 뿌리를 내린다. 씨앗이 열매를 맺을 겨를도 없이 가시덤불이 씨앗의 생명을 질식시켜 버리고 만다.

우리는 모두 인생 가운데서 끊임없이 투쟁해야 할 염려와 불안을 만나게 된다. 그러나 그러한 걱정과 염려들이 우리를 집어 삼키도록 내버려 둔다면, 이 '가시들'이 하나님의 진리의 씨앗을 죽여 그분이 의도하신 것들을 이루지 못하도록 방해할 것이다. 우리는 이런 모든 걱정을 그분께 내어 맡기고 세상을 향해서 우리의 사랑을 펼칠 수 있는 자리에까지 나아가야 한다.

돌밭 토양처럼 이 가시들을 처리할 수 있는 한 가지 방법이 있다. 그것들을 뿌리째 완전히 뽑아서 태워버리는 것이다. 쟁기와 곡괭이를 견딘 땅은 이제 날카롭고 가차없는 쇠스랑의 갈퀴를 견뎌내야 할 것이다. 엉켜 있는 뿌리들이 힘차게 뽑혀지고 흙덩이들이 떨어져 나갈 때, 한 덩어리의 흙이 고통과 절망으로 외친다. "도대체 어떻게 되어 가는거야? 이건 말도 안돼!" 이전 환경이 뒤집혀지자 깨지고 상한 감정이 일어난다. 그러나 마침내 오랫동안 토양의 한 부분이었던 가시의 뿌리 부분이 제거되자, 공기와 습기는 토양에 새로운 빛을 가져다 준다. 이제야 토양은 식물을 낼 수 있게 되었다.

좋은 땅

농부는 조심스럽게 구멍을 내고, 그 안에 씨를 떨어뜨린다. 그리고 다시 흙을 덮는다. 이제 그곳은 새 생명이 자라는 곳이 된다. 이 과정이 어떻게 이루어지는지 살펴보자.

　비와 따뜻한 햇살은 작은 뿌리가 흙 속으로 파고들게 돕는다. 싹은 움터서 햇빛을 찾는다. 그리고 광합성 과정을 통해 앞으로 성장하는 데 필요한 뜨거운 태양의 에너지를 빨아들인다. 작고 섬세한 싹은 뿌리로부터 수분을 흡수하고 자양분인 탄수화물을 만들기 위해 공기 중의 이산화탄소를 흡수한다. 싹은 강하고 튼튼하게 자라서 사람들을 위한 음식의 재료가 된다.

　동일한 방식으로 진리의 씨앗은 우리의 준비된 마음에 떨어진다.

그러나 진리의 씨로부터 계시가 발아(發芽)되는 과정은 자연에서처럼 우리 인생의 어두운 곳에서 일어난다. 이것은 많은 구약 성경의 인물들 속에서 볼 수 있는데 가장 분명하게 나타나는 곳은 욥기서다.

욥은 재 위에 앉아서 그의 재산과 가족, 그리고 끝내 건강마저 잃어버린 자신에 대하여 슬퍼한다. 아내와 친구들의 조언은 상황을 더욱 악화시켰다. 욥은 비록 의로운 사람이었지만 하나님이 보시기에 그 안에 만들어져야 할 새로운 진리의 영역이 있었다.

그 시작은 온전함에 대한 사탄의 공격을 통해 왔다. 당시 욥은 그의 아내가 무덤이라고 불렀던 어둡고 습한 상태에 처해 있었다. 그녀는 욥에게 조언하기를 "하나님을 저주하고 죽으라"고 하였다.

욥은 그의 제한된 이해 속에서 자신에게 일어난 이 다양한 불의에 대해 하나님이 설명해 주시도록 요구한다. 그에 대한 응답으로 하나님은 거듭 질문을 쏟아 부으시며 욥에게 잠깐 동안 하나님의 지식의 세계를 보여주신다. 그것은 유한한 사람이 무한한 분을 알려고 하는 것이었다. 그것은 피조물이 창조자와 씨름하는 것이었다. 전능자의 질문 앞에서 욥의 요구는 너무나 미미하게 사라져버렸고, 이에 압도된 욥은 바로 그 때를 자신의 마음의 눈이 열리고 계시가 발아하기 시작한 때라고 묘사하고 있다. 그는 이전에는 결코 보지 못했던 것을 이제 보게 되었다 (욥 42:5). 진리의 씨앗이 그 속에 뿌리를 내릴 때 새로운 생명이 솟아 오른 것이다. 뒤이어 욥은 회개의 기도와 친구를 위한 기도를 하게 되고, 이전보다 훨씬 많은 하나님의 축복을 받게 된다. 결과적으로 그는 하나님께 더 가까이 나아가게 되었다. 욥이 겪은 쟁기와 곡괭이와 갈퀴의 아픈 경험은 그가 계시와 변화의 새로운 장소로 나아가도록 그의 마음의 토양을 준비시켰던 것이다.

나는 이 이야기가 우리 모두에게 중요하다고 확신한다. 우리는 종종 딱딱한 마음, 돌밭 마음, 가시 밭 마음으로 묘사되는 사람들을 만나게 된다. 그들의 삶 속에는 다양한 종류의 토양의 특징들이 나타난다. 그러나 나는 우리 안에 이 네 종류의 토양이 모두 존재하고 있음을 보았으면 좋겠다. 우리의 마음 밭은 이런 과정들을 거치게 된다.

'정원사'는 각기 다른 시간에 각각의 토양에 따라 각기 다른 도구를 사용한다. 하나님은 최고의 정원사이며 우리의 토양이 감당할 수 있는 분량만큼 씨앗을 심으신다. 우리의 반응은 어떤가? 우리는 하나님이 우리 마음의 정원을 돌보시도록 마음의 문을 열어 두고 있는가? 아니면 하나님의 도구에 상처를 받을까 두려워서 문을 걸어 잠그는가? 고통 없이 평화를 누리려 하다가 우리의 정원이 정글이 되기까지 내버려 둘 것인가? 우리 마음의 정원에서 당신의 방식대로 일하시는 최고의 정원사를 신뢰하는 것이 두려운가?

베드로는 "사랑하는 자들아 너희를 시련하려고 오는 불 시험을 이상한 일 당하는 것같이 이상히 여기지 말고 오직 너희가 그리스도의 고난에 참예하는 것으로 즐거워하라"(벧전 4:12-13)고 말하고 있다. 히브리서 기자도 다음과 같이 말한다. "무릇 징계가 당시에는 즐거워 보이지 않고 슬퍼 보이나 후에 그로 말미암아 연달한 자에게는 의의 평강한 열매를 맺나니"(히 12:11).

고통과 시련들은 너무나 자주 우리가 견딜 수 있겠다고 생각한 그 이상이 되어 버린다. 또한 훈련은 왜 그렇게 많고 왜 그렇게 긴지. 우리는 종종 인내하지 못하며 하나님이 우리 마음 깊은 곳에서 하시는 사역을 막아서기도 한다. 이제 엠마오로 가는 여행자들이 어떻게 이 인내의 시험을 통과했는지 살펴보도록 하자.

눈의 구조를 통해 깨닫는 영. 적. 통. 찰.

태양이 있는 곳에서 어두운 터널 안으로 들어갈 때, 우리의 눈은 일순간 보지 못하게 된다. 이 짧은 순간 동안, 우리의 광수용 세포는 사라진 빛에 맞춰져 있는 것이다. 시력은 점차적으로 활성화되고 어둠 속에서도 볼 수 있게 된다.

계시에는 시간이 필요하다. 엠마오로 가는 두 여행자들의 눈이 열리기까지는 7마일이 걸렸다. 우리 삶의 터널로 인해 어두워진 삶의 영역들을 볼 수 있기까지 우리는 더욱 많은 거리를 여행해야 할지도 모른다.

하나님, 우리에게 "욕구"(drive)를 주시되 "끌려가지"(driven)는 않게 하소서

"욕구"와 "끌림을 받는 것"에는 차이가 있습니다.
전자는 하나님이 주셨지만 후자는 이기적인 것입니다.
왜냐하면 욕구에 "끌림을 받는 사람"은
오직 하나의 목표, 즉 세속적인 부만 구하고,
"영혼의 부요함"은 구하지 않기 때문입니다.
그는 매일 더 높은 지위와 더 많은 이익과 재산을 가지도록 자극을 받습니다.
야망과 부는 그의 큰 소망이 됩니다.
매일 그는 갈망과 욕심에 의해 이끌림 받습니다.
그러나 열심히 일하되 모든 사람들을 살리기 위해서
자신의 욕구를 사용하는 사람들은 복이 있습니다.
우리에게 힘과 바람과 갈망을 주셔서
우리의 기준과 윤리를 한층 더 높일 수 있게 하소서.
소수의 사람이 아니라 우리 모두가
당신이 원하시는 바대로 이 땅 위에서 살게 하소서.

_ 헬렌 스타이너 라이스

05

하나님과 동행하기 원하는 사람만이
그분의 정체성을 더 깊이 깨달을 것이다 ∞ 프레드릭 W. 단커

너무 빨리 포기하지 마라

Only those who desire His company will
come to further realization of His identity.
_Frederick W. Danker

예수님은 두 제자들과

얘기하는 가운데 모세의 책으로부터 시작해서 모든 성경에서 언급한 것들을 풀어 설명하셨다. 그것은 짧은 설교가 아니었다. 두 제자는 이미 오랫동안 걸었고 고민으로 가득 찬 하루를 보낸 터라 지칠 대로 지쳐 있었다. 그들은 쉽게 예수님을 그냥 떠나시도록 할 수 있었다. "요점이 뭔가요? 당신이 그렇게 얘기한다고 해서 죽은 자가 다시 살아 나는 것은 아니잖아요." 그러나 그들은 그렇게 말하지 않고 인내심을 가지고 예수님의 말씀을 끝까지 들었다.

인내하지 못하는 주된 이유는 우리가 자꾸 일어나서 움직이려고 하기 때문이다. 우리는 행동하는 사람들이고, 우리의 신분과 가치는 종종 우리가 얼마나 바쁘냐에 기반을 두고 있다. 무엇인가를 하지 않고 있을 때 우리는 스스로를 쓸모 없게 여긴다.

마르다가 그랬다(눅 10:38-42). 예수님이 계시하시는 진리에 흥미를 느낀 마리아는 조용히 부엌을 빠져 나와 예수님의 발 아래 앉아서 그분이 들려주시는 말씀에 푹 빠져 있었다. 이와는 대조적으로 마르다는 많은 일들에 주의를 기울이며 바빠했다. 하지만 그렇게 분주하게 움직이면서도 그녀는 정중한 여주인의 역할보다는 마치 어쩌지 못해 일하는 종의 역할을 떠맡았다. 걱정과 좌절감으로 분을 내면서 그녀는 무례하게도 손님의 말을 가로막았다. "저 혼자서 식사를 준비하는 데 신경도 안 쓰시네요. 마리아에게 저를 도와주라고 해주세요." 마르다는 일의 우선순위와 하나님과 함께하는 시간의 중요성을 깨닫지 못하고 있었다. 그녀는 사람의 주된 목적이 하나님을 영화롭게 하고 그를 영원히 즐거워하는 것이라는 사실을 기억하지 못하고 있었다. 마르다의 초점은 예수님을 위해서 최고의 것을 준비하는 데 있었다. 반면 마리아의 초점은 예수님 자신에게 있었다.

분주함 속에서 종종 우리는 최고의 것을 하나님의 제단 앞에 바친다. 그러나 일들을 너무 완벽하게 하는 데에만 신경을 쓰다가 그만 하나님을 놓쳐 버리곤 한다. 엠마오로 가고 있던 두 제자들은 그런 함정에 빠지지 않았고 마리아처럼 예수님의 말씀에 꼭 붙어서 떨어지지 않았다. 그들은 중요한 것을 놓치고 싶지 않았다. 심지어 육신적인 피곤함도 그들을 막지 못했다. 그들은 간절하게 예수님이 말하는 모든 것을 흡수했다. 예수님이 그들을 떠나 가시려 하자, 그들은 예수님에게 마음을 바꾸셔서 자신들과 함께 머무시도록 간

구했다.

"저희와 함께 있어 주십시오." 그들은 애원했다. 제자들은 진리에 대한 억제할 수 없는 갈증과 채워지지 않는 배고픔을 가졌다. 예수님이 말할 때, 그들의 마음은 속에서 뜨거워졌다. 그들은 더 듣기를 원했다. 이제까지 들은 것은 애피타이저(전채 요리 : 식욕을 돋구기 위해 식사 전에 나오는 음식)에 불과했다. 그들은 직관적으로 지금부터 본격적으로 나올 주요 음식들을 놓치고 싶지 않았다. 성경은 주리고 목마른 자가 복이 있나니 저희가 배부를 것이라고 말씀한다(마 5:6). 단지 우리가 계속해서 성경적 진리에 주리고 목말라 한다면 우리의 갈증은 생명수로, 우리의 주림은 생명의 떡으로 채워지게 될 것이다(요 6:35).

예수님은 에피타이저로 우리의 마음을 시험하신다. 우리가 얼마나 배고파하는지를. 나는 예수님이 두 제자들에게 주셨던 동일한 시험을 우리에게 주시며 생명의 길을 따라 우리와 함께 걷고 있다고 믿는다. 우리는 하나님에 대해 그들이 먹었던 것과 동일한 것을 먹고 있는가? 진리가 계시되도록 인내심을 가지고 기다리며 덜 중요한 활동이 우리의 주의를 분산시키지 못하게 하고 있는가? 아니면 세상에 있는 쓰레기 같은 음식을 너무 많이 먹어서 최고의 것을 놓쳐버리진 않았는가? 지금껏 참된 양식이 되지 못하는 것들을 먹어 오진 않았는가? 삶의 조용한 순간에 우리의 마음은 어디로 향해 가는가? 그저 바쁜 것이 아니라 세상에 대한 사랑이 우리를 끌고 가는 것은 아닌가?

요한 1서에는 육신의 정욕과 안목의 정욕이 아버지에게서 나온 것이 아니라 이 세상에서 나온 것이라고 말씀하고 있다(2:15-16). 우리는 두 가지를 다 가질 수는 없다. 하나님 아버지께 온전히 헌신하든지 아니면 세상의 정욕에 우리 자신을 내어 주든지 할 뿐이다. 우리가 육체의 정욕을 쇠퇴시키고, 우리 영혼에 양분을 공급해 줄 때 진리와 하나님에 대한 갈망은 증가하게 된다. 실제로 영적인 진리에 대해 배고파하지 않는다면, 하나님이 우리에게 주시는 중요하고 핵심적인 말씀을 쉽게 놓쳐 버릴 수 있다. 하나님은 열정과 온전한 마음을 찾으신다. 우리는 예수님이 우리와 함께 머무시도록 간청하는 자리에 이르기까지 인내해야 한다.

예수님은 갑작스럽게 온 손님들을 대접하기 위해 한밤중에 빵 세 덩이를 구하러 간 어떤 사람의 이야기를 하신다. 그는 계속해서 문을 두드리며 그의 이웃을 깨웠다. "제발 부탁합니다. 빵이 필요해요!" "가시오! 나를 귀찮게 하지 마시오." 그 이웃은 대답한다. "문은 잠겼고, 나와 나의 가족은 이미 잠자리에 들었소. 그러니 가시오." 그러나 한밤중에 찾아온 이 사람은 포기하지 않고 계속해서 두드린다. 마침내, 도저히 안

되겠다 싶은 이웃은 침대에서 나와 마지못해 그에게 필요한 것을 준다 (눅 11:5-8).

그가 원하던 것을 얻을 수 있었던 것은 영리함이나 설득력이 있었기 때문이 아니었다. 끈질기게 요구했기 때문이었다. 동일한 자질이 우리 기도 생활에도 필요하다. 우리는 너무나 자주 그리고 쉽게 포기해 버리기 때문에 구하는 것을 얻지 못한다. 야고보는 그의 편지에서 여러 가지 시험과 믿음의 시련이 인내를 만든다고 말하고 있다.

심지어 인간 사회의 자연적인 축복조차도 기꺼이 인내하지 않고서는 누릴 수 없다. 프레드(Fred)는 그의 꿈을 성취하기 위해 인내한 사람들 가운데 놀라운 한 예다. 같은 과 학우였던 프레드의 삶은 나에게 매우 큰 영향을 주었기 때문에 나는 그를 잊어버릴 수가 없다. 의대에 들어오기 전에 프레드는 사설 비행기를 몰기 위해 비행기 조종사 면허를 땄다. 그런데 어느 날 비행을 하는 동안 엔진이 고장나 비행기가 추락하는 사고를 당했다. 그는 척추가 골절된 채 입원해야 했고 안타깝게도 하반신 마비 환자가 되었다.

이쯤되면 대부분의 사람들은 낙심해서 비행을 포기할 테지만 프레드는 달랐다. 그는 다시 비행기 조종석에 앉기로 결심했다. 계획과 준비만 해도 수없이 많은 시간이 걸렸고 마침내 다리를 움직이지 않고 손과 상반신만으로도 조종이 가능한 비행기 조종실을 만들어 냈다. 그리고 나서 그는 다른 마비 비행사들을 위한 이 발명품으로 특허를 신청했다.

의학도로서 그는 새로운 도전에 부딪혔다. 몇몇 강의실은 엘리베이터가 없었기 때문에, 우리들은 어깨 위로 그를 들어올려 계단을 오르내려야 했다. 장애인을 위한 화장실이 없었던 그 시절에는 매일 화장실을 이용하는 일조차도 매우 힘들었다. 이러한 어려움에도 불구하고 프레드는 인내했고, 6년의 혹독한 시간 끝에 의학 박사로 졸업을 했다.

웹스터 사전에 보면 '인내한다'(persevere)는 것의 의미는 다음과 같다. '어떤 목적이나 생각을 지속하는 것' 또는 '어려움과 장애가 있음에도 불구하고 힘써 애쓰는 것'이다.

우리는 하나님과 함께 인내한 성경 속의 많은 사람들을 보게 된다. 모세는 보이지 않는 하나님과 인격적으로 만났기 때문에 바로와의 투쟁에서 인내할 수 있었다(히 11:27). 야곱 또한 인내하는 사람이었다. '빼앗는 자', '속이는 자'라는 이름을 가진 그는 태어날 때부터 인정 받으려고 노력했다. 그는 그의 쌍둥이 형 에서의 발 뒤꿈치를 잡고 이 세상에 태어났다.

젊어서는 팥죽 한 그릇에 장자권을 팔도록 그의 형 에서를 속였다. 그러나 야곱은 더 많은 것을 원했다. 그는 장자가 받을 축복을 원했다.

그렇게 해서 어머니의 도움으로 에서처럼 팔과 목에 양털을 붙이고서 늙어서 거의 보지 못하는 아버지를 속였다.

에서가 장자로서 받아야 할 정당한 유산을 도둑질한 야곱은 자신을 죽일지도 모르는 형의 분노를 피해 가나안으로 도망쳤다. 거기서 야곱은 자신의 삼촌 라반과 함께 살게 되는데 그 역시 사기꾼이었다! 14년 후 야곱은 두 명의 아내, 라헬과 레아를 데리고 고향으로 돌아가려고 한다. 고향을 앞에 두고 야곱은 형 에서가 400명의 사람들과 함께 그를 만나러 오고 있다는 얘기를 듣고 심한 불안과 두려움으로 떨었다.

이제 야곱은 그의 모든 가족과 종들, 가축떼들을 강 건너로 먼저 보내고 혼자 남았다. 상황은 절망적이었다. 얼굴을 땅에 대고 기도하는 그의 앞에 하나님의 천사가 나타났다. 야곱은 미친듯이 그에게 매달렸고, 떠나려는 그를 붙잡고 늘이졌다. 두 사람은 밤새 씨름했다. 이른 새벽 빛에 밤 하늘의 어둠이 물러갈 즈음 천사가 야곱에게 말했다. "나는 가야 한다."

밤새 씨름하느라 지쳤지만 야곱은 천사가 그냥 떠나가지 못하도록 붙잡고 끝까지 매달렸다. 야곱을 떨쳐버리기 위해 천사는 그를 쳤고 그로 인해 야곱의 엉덩이 뼈가 골절되었다. 그는 극심한 고통 속에서도 힘을 다해서 하나님께 소리쳤다. "당신이 나를 축복하지 않는다면 절대로 당신을 가게 하지 않겠습니다." 자신이 원하는 것이 무엇인지 분명히 알고 있었던 그는 하나님의 축복을 받기 위해 기꺼이 고통의 대가를 지불했다.

그가 야곱에게 물었다. "너의 이름이 무엇이냐?"

"야곱입니다."

그러자 그 사람이 말했다. "이제 너는 야곱(속이는 자)이 아니라 이스라엘이다. 이것은 네가 하나님과 겨루어 이겼기 때문이다."

야곱이 이겼다. 그가 간절히 받기 원했던 축복은 무엇이었을까? 그것은 옛 것이 새것이 되는 변화된 인격의 축복이었다. 탈취자였던 야곱은 이제 이스라엘 즉, 하나님의 아들이자 왕자가 되었다.

야곱의 이야기는 비록 우리가 하나님의 유업을 약속으로 받지 못할 때조차도 끈질기게 매달리는 것이 얼마나 중요한지 보여주는 좋은 본보기가 된다. 야곱은 그의 전생애를 통해서 하나님의 축복에 대한 간절한 소원을 가졌고 이것을 성취하기 위해 많은 어려움을 견뎌냈다. 그의 간절한 바람은 가히 칭찬할 만하다. 하지만 축복을 얻기 위해 교묘한 속임수를 사용한 것은 좋지 않았다. 그는 자신의 죄악을 볼 수 있는 눈이 열렸어야 했다. 그가 전심으로 하나님을 구하는 자리에 이르렀을 때, 하나님은 직접 벧엘에서 그와 대면하여 만나주셨고 마침내 그의 눈이 열려 새로운 인생이 시작된 것이다. 사도 바울은 우리에게 그리스도를 알도록, 그리스도와 직접 대면하는 만남을 갖도록, 그래서 우리 삶에서 그의 부활의 생명이 더욱 분명히 드러나도록 계속해서 나아가라고 도전하고 있다(빌 3:10).

우리는 엠마오를 향해 두 사람과 함께 계속 여행하면서 이 이야기가 어떻게 완성되는지를 보게 된다. 아무것도 모른다고 생각했던 낯선 사람의 등장으로, 통찰력과 권위를 가지신 그분의 동행으로 두 제자들 속에 깊은 감동이 일어난 것이다.

눈의 구조를 통해 깨닫는 **영. 적. 통. 찰.**

어떤 사람이 사시이거나 이로 인해 고통받고 있다면, 교정 수술을 하면 된다. 눈을 움직이는 근육은 필요에 따라 길어지고 짧아진다. 수술 후 눈 운동을 꾸준히 하게 되면 좋은 시력을 가질 수 있다.

마음의 운동은 내적 시력을 좋게 하고 우리가 이전에 보지 못했던 곳을 볼 수 있도록 해준다. 우리는 경건의 훈련을 해야 한다. 예수님은 글로바와 그의 동료가 자신이 누구인지를 알아볼 수 있을 때까지 그들의 시력을 훈련시키셨다.

06

일은 예배의 대상이 될 수 있다.
하지만 그럴 때 일은 친밀감을 파괴하는
교활한 우상이 되어 버린다. _저자

하나님께 시간을 내어라

Work can be worship, but when work is worshipped
it becomes an insidious idol, destroying intimacy.
_The author

엠마오로 가는 길에서

만난 이 낯선 사람이 지난 3일 동안 일어난 일들의 수수께끼를 풀어 주며 메시아를 드러내자, 두 명의 제자들은 더욱더 그의 말에 빠져들게 된다. 새로운 희망이 그들 속에서 약동하기 시작했다. 뜨거운 태양 아래 10Km나 되는 길을 걸어오며 생긴 감정적, 육체적 피로는 완전히 사라졌고 이제 그 낯선 사람에게 계속 함께 머물기를 간청하기에 이른다.

예수님이 계속 머무실지 아니면 그냥 가실지는 제자들에게 달려 있었다. 두 명의 여행자들은 얼마나 간절히 예수님이 그들과 함께 있기를 원했을까? 예수님에게 단지 예의를 갖추려고 한 제의였을까, 아니면 실제로 그렇게 원했을까? 그들의 마음과 몸 상태를 보면 예수님을 그냥 가시도록 할 수도 있었을 것이다. 이것이 네 번째 시험이다. 그리고 종종 우리가 실패하는 대목이기도 하다. 우리는 하나님의 임재에 대해 그만큼 간절하지 못하다. 우리는 지쳐 있거나 또는 당장 눈앞에 닥친 시급한 문제들 때문에 너무 쉽게 포기해 버리고 만다.

"주님, 제가 당신으로부터 곧 무엇인가를 받으리라는 것을 알아요.

하지만 나의 상사가 지시한 일이 있어요. 지금 당장 하지 않으면 안 되는 중요한 일이에요. 이해하시지요?" 참으로 결정적인 순간에 우리는 올바른 우선순위를 정하지 못한다. 그렇게 기회는 지나가 버리고 사라지게 된다.

나는 아내 바바라와 함께 목회자들과 사모들, 그리고 다른 전임사역자나 선교사들을 위한 세미나를 개최하곤 한다. 그때마다 종종 놀라게 되는 것은 그들이 예수님이 하셨던 것처럼 성령의 인도하심을 받아 사역하기보다는 사역과 일 자체에 얼마나 많이 쫓기고 있는가 하는 것이다. 그들이 '일'에 너무나 많은 시간과 열정을 쏟아붓기 때문에 정작 하나님과의 깊고 친밀한 교제는 방해를 받는다.

예배는 그들 삶의 변두리로 내몰리고 종종 주님을 위한 일이 주님을 내몰아버릴 정도로 중요시 된다. 이제 그것은 우상으로 바뀌는데 이러한 '선한 우상'은 잘 드러나지도 않는다. 쌓여 있는 더 많은 일들은 결국 그들을 고갈시키고 우울함에 빠뜨리며 육체적, 정신적으로 쇠잔케 한다. 심지어 이른 나이에 사망에 이르기까지도 한다.

이러한 현상이 일어나는 주된 요인은 그 사람이 자라온 방식에 있다. 어린아이였을 때, 그는 그의 부모로부터 다음과 같은 교훈을 반복적으로 들으며 자랐다. "네가 ~을 잘 하면 사랑해 줄게." 이런 조건적 사랑의 프로그램은 정신 속의 하드 드라이브에 너무나 깊게 저장되어 있어서 그가 성인이 되고 그리스도인이 되었을 때조차도 그의 내면을 지배한다. 그는 이런 기초 위에서 계속적으로 하나님 아버지와 관계를 형성해간다. 그는 하나님을 자신의 성취 능력에 따라 사랑을 주시는 분이라고 잘못 이해하였다. 하나님의 사랑을 계속적으로 받기 위해 그는 계속해서 일한다. 이렇게 함으로써 자신의 가치와 중요성을 얻을 수 있다고 믿는 것이다.

우리 모두는 마음속 깊은 곳에 사랑받고자 하는 욕구가 있다. 이는 우리가 삶에서 가장 갈망하는 것이다. 사도 바울은 사랑이 없으면 우리가 아무것도 아니라고 말하고 있다(고전 13:2). 하나님은 당신의 사랑을 받아들이는 모두에게 사랑의 근원이 되어 주신다. 사역에 이끌려 다니는 사람은 그 사역에 지나친 가치를 부여하고 있는 것이다. 하나님은 우리가 무슨 일을 해서가 아니라 우리를 있는 그대로 사랑하신다. 우리에 대한 하나님의 사랑은 인간으로서 가지는 본래의 중요성과 그 본질적 가치에 근거를 두고 있다. 그것은 "나는 누구인가"라는 정체성과도 관련이 있다. 진정한 자아는 모든 존재와 가치의 근원인 하나님과의 교제를 통해 양분을 얻고 자라게 된다.

너무나 쉽게 우리의 성취나 사역은 그리스도와의 교제를 방해하거나 밀어내 버린다. 그리스도를 위해 일하는 데 너무나 바빠서 정작 그를 놓쳐버리고 마는 것이다. 하나님이 주신 일을 완수하려는 중압감이 그분과 함께 시간을 보내는 것보다 더 크게 다가오기도 한다.

이것은 주님의 새로운 계시를 받는 데 주된 장애물이 된다. 두 여행자들은 계시에 이르는 그들의 여정 가운데서 이미 세 개의 장애물을 제거하였다. 먼저 자신들의 무지함을 받아들였고, 모든 것을 알아야 할 필요는 없다고 설명했다. 또한 자신이 언제나 "옳아야 한다"는 정체성을 거부하면서 교만과 싸웠다. 그리고 인내하지 못하는 육체를 거슬러 이겨냈다. 이제 그들은 새로운 시험을 성공적으로 통과하고 있다. 예수님과 함께 머무는 것을 가장 중요한 우선 순위로 삼은 것이다.

"저희가 머무는 곳에 함께 가시지요." 여행자들은 강력하게 요청한다. 그들의 끈질긴 요청에 예수님은 승락하셨고, 가던 길을 잠시 멈추고 그들과 함께 식사하신다.

유대 마을 언덕 야자나무들 사이에 작은 집들이 모여 있었다. 햇볕에 구은 벽돌로 만든 글로바의 집안은 별로 갖춰진 게 없다. 껍질이 벗겨진 나직한 테이블만 중앙에 놓여 있었다. 글로바는 문 옆에 있는 큰 흙항아리에서 물을 떠서 대야에 담았다. 그리고 같이 온 사람들은 여행 중에 쌓인 흙과 먼지를 씻어냈다. 빵과 포도주, 물 이렇게 간단한 식사가 식탁 위에 차려진다. 그러나 식사가 시작되기 전 그 낯선 사람이 빵을 들어 축사하고 그것을 떼어 주는 바로 그 순간, 그들의 닫힌 눈이 열리면서 예수님을 보게 된다.

예수님을 알아본 그 순간 예수님은 이미 어디론가 사라지셨다. 두 명의 제자들은 놀라움 속에서 서로를 바라본다.

"우리가 정말로 예수님을 보았나?"

"우리와 함께 식탁에 계시던 분이 정말로 예수님이셨는가?"

"혹시 우리가 꿈을 꾸고 있는 것은 아니지?" 그제서야 제정신이 든다.

"예수님이셨어!"

"그분이 살아나셨어!"

"그분과 함께 걸어 왔는데 우리는 전혀 그분을 알아보지 못했어."

"어떻게 이런 일이 가능할까? 그분과 얘기할 때 우리 마음이 뜨거워진 것은 당연한 일이야. 그분은 정말로 메시아야. 이제야 모든 것을 알겠어. 여자들이 결국 옳았어. 예수님은 살아나셨고, 우리가 두 눈으로 똑똑히 보았어!"

예수님을 본 것은 그들의 육신의 눈만이 아니었다. 그들은 마음의 눈으로도 보고 있었다. 그들의 영적인 눈이 열린 것이다. 마음의 눈이 열린 순간 모든 의심은 그의 나타나신 영광 안에서 사라졌다. 그것은 부활하신 그리스도의 현존 속에서 초월을 경험하는 순간이었다.

어떻게 이렇게 갑자기 계시가 임하였는가? 그것은 예수님이 빵을 떼어 나누어 주실 때였다. 계시가 어떻게 임했는지에 대해서 성경이 분명히 언급하고 있지 않기에 우리는 다만 추측해 볼 뿐이다. 혹시 예수님이 떡을 떼신 것이 제자들로 하여금 수일 전 예루살렘의 다락방에서 있었던 일을 생각나게 한 것은 아니었을까? 예수님은 빵을 떼어 제자들에게 주시며 말씀하셨다. "받아 먹어라. 이것은 너희를 위해 주는 나의 몸이다." 아니면 예수님이 빵을 떼어 그들에게 주실 때, 길에서는 미처 보지 못했던 손의 못자국을 보았던 것은 아닐까? 어떻게 계시가 임했든지 간에, 계시는 임했고 하나님의 영과 두 여행자들의 영 사이에 중요한 연결이 이루어졌다.

받은 계시로 말미암아 그들은 흥분되었고 새로운 힘이 솟아났다. 무더운 오후 내내 흙먼지 속을 걸으면서 생긴 피로도 완전히 사라졌다. 두 제자들은 식사를 마치려고도 하지 않았다. 그들이 경험한 계시가 너무나 엄청난 것이었기에 그들은 더 이상 가만히 앉아 있을 수 없었다. 분비된 아드레날린으로 새 힘을 얻은 그들은 그 자리를 박차고 일어나서 엠마오에서 예루살렘에 이르는 10km나 되는 거리를 달려가기 시작했다. 예수님이 살아나셨다는 믿기 힘든 사실에 그들은 자신들의 마음을 주체할 수가 없었다.

"우리가 이 소식을 전할 때 반응할 제자들의 표정을 상상해봐."

"그들은 상상도 못했을 거야!" 이런저런 생각들이 정신없이 그들의 머릿속에 떠올랐다. 그들은 하루 종일 걸어 왔던 평평하지 않은 그 길을 다시 돌아가고 있었다.

그날 이른 아침, 여자들은 무덤에서 돌아와 예수님이 거기 계시지 않는다는, 심장이 멎을 만큼 놀라운 보고를 했었다. 무덤이 비어 있다는 것이었다. 제자들은 너무나 놀라서 믿을 수가 없었다. 성경 주석은 여자들의 이 말이 제자들의 정신을 쏙 빼놓았다고 말한다. 여기서 사용된 헬라어 엑스타시스(ekstasis)는 오늘날 ecstasy의 유래가 된 말로 문자 그대로 번역하면 "(사람을) 의식 밖에 놓다"는 의미다. 예수님의 시신이 사라졌다는 소식과 예수님이 살아나셨다는 외침을 제자들은 감당할 수 없었던 것이다. 그들은 말 그대로 "제정신이 아니었다." 바인즈 신약 주석(Vines Expository Dictionary of New Testament Words)은 이것을 "생각하고 추리하는 정상적인 상태를 벗어났다"고 말하고 있다.

자신의 생각 속에 갇혀 있던 제자들은 믿을 수가 없었다. "죽었다가 살아난 사람은 아무도 없어! 그것은 말도 안 돼!" 그들은 여자들의 외침을 터무니없고 불합리한 것으로 여기며 비웃었다. 그러나 여인들이 줄 수 없었던 계시를 예수님은 깨닫게 하셨다. 마침내 믿음은 제자들의 어리석고 의심 많은 마음을 관통하여 들어갔다. 그들에게 깨달음이 임했고, 예수님은 당신의 임무를 마치고 사라지셨다.

두 명의 지쳐 있는 제자들을 만나주셨던 것처럼 예수님은 우리들과도 이러한 만남을 갖기 원하신다. 그 만남은 풀리지 않는 의문들이 답을 얻고 우리의 삶이 그분의 임재로 말미암아 변화되는 계시의 시간이다.

나의 아내 바바라는 20대 후반에 서부 아프리카에 있는 코트디브아르(côte d'Ivoire; Ivory coast)라는 나라에 간 적이 있다. 그곳에서 생애를 마칠 각오를 하며 그녀는 기대감에 가득 차 있었다. 네덜란드 화물선으로 아비얀(Abidjan)에 도착한 그녀는 현장 리더로 사역하고 있는 선교사와 그의 아내를 만났다. 그녀는 가져온 모든 짐들을 지프차에 싣고 다시 7시간 동안이나 달려 주엔울라(Zuenoula)로 향했다. 그곳으로 가는 길은 대부분 포장되지 않은 진흙탕이었고, 움푹 파진 웅덩이를 피해 이리저리 왔다갔다 해야 했다. 때마침 우기였기에, 붉은 진흙 먼지들이 여기저기 끈적끈적하게 들러 붙었다.

여행 중 그들은 몇몇 동료 선교사들을 방문했고 짧은 시간이었지만 다리를 뻗고 쉬면서 시원한 물도 마실 수 있었다. 바바라를 태워주었던 그 선교사 부부는 한 장소에 이르렀을 때 이런 경고를 했다. "바바라, 당신은 매우 어려운 상황에 처할 수도 있다는 것을 알아야 해요." 바바라의 마음은 가라앉았다. 그들은 바바라가 어느 정도 낙심하게 되더라도, 사전에 경고하는 것이 그녀가 마음을 준비하는 데 도움이 된다고 생각했던 것 같다. 그러나 그것은 결과적으로 바바라에게 전혀 도움이 되지 않았다. 오히려 그러한 말들은 생각했던 것 이상으로 그녀를 힘들게 했다.

지치고, 흙먼지투성이가 된 데다가 허기진 그들은 밤이 되어서야 마침내 목적지에 도착할 수 있었다. 바바라는 함께 일할 두 명의 나이 든 여선교사들에게 따뜻한 포옹은커녕 악수도 받지 못했다. 그녀가 이곳에서 환영받지 못하고 있다는 사실이 분명해졌다. 그녀는 순간적으로 자신이 여기 온 것이 축복이기보다 오히려 더 큰 위협이 된 듯한 인상을 받았다. 사용하지도 않는 오래된 교회가 그녀의 숙소라는 사실을 알게 되자 이것은 더 명백해졌다. 그곳은 진흙 벽돌로 만들어진 건물로 조그만 타원형 창문 위에는 닭장이 있었고, 벽과 녹슨 철 지붕 사이에는 벌어진 틈들이 있었다. 바바라는 순간적으로 "이 방은 뭐라도 기어 들어올 수 있겠구나"라는 생각이 들었다.

그녀는 자신이 정말 싫어하는 도마뱀을 상상하면서 짧고 울퉁불퉁한 매트리스가 놓여 있는 철 침대 위로 올라갔다. 다행히 모기장이 있어서 그 안으로 기어들어갔지만, 기름 등불이 너무 가까이 있는 바람에 얼마 안 가서 그 모기장은 구멍이 나 버렸다. 외로움이 그녀를 집어 삼켰고, 쉴새없이 눈물이 흘렀다. "오, 하나님! 제가 실수를 했습니다. 선교사가 되기에는 아직 멀었나 봅니다. 저를 이 곳에서 구해주세요."

동료 선교사들의 형식적이고 불친절한 대우, 그녀가 배워야 했던 어려운 언어, 뜨거운 열대 기후, 다른 문화, 낯선 음식, 사생활의 부족, 고립, 벌레, 물과 전기의 부족 이 모두가 바바라에게 무거운 짐이 되었고, 그녀는 이 모든 것을 감당하는 것이 너무 힘들다는 것을 알게 되었다. 그녀는 동료 선교사들과 하나님으로부터 버림받았다는 느낌을 마음속 깊이 받았다.

몇 주가 지나고 또 몇 달이 흘렀다. 그녀는 이곳이 자신이 있어야 할 곳이 아니라고 확신했다. 기도는 매일 똑같았다. "주님, 제발 저를 옮겨 주세요. 저는 잘못 와 있습니다. 언어가 쉬운 북쪽으로 보내주세요." 몇 달이 지나갔고 계속해서 그녀는 하나님께 처절한 상황에서 자신을 구해 달라고 부르짖었다. 어느 날 아침 그녀가 무릎을 꿇고 똑같은 기도를 드리고 있을 때, 마침내 분명한 음성이 울려 퍼졌다.

"바바라, 내가 너를 사랑하는지 모르느냐?"

"아니요. 당연히 주님이 저를 사랑하는지 알고 있습니다." 그녀가 대답했다.

"그렇다면 왜 나를 신뢰하지 않느냐? 만약 네가 잘못된 곳에 와 있다면 내가 너를 다른 곳으로 옮겨주지 않겠느냐?" 그것은 마치 어두운 방에 불이 켜지는 것과 같았다. 엠마오로 가는 두 제자들이 그랬던 것처럼 이전에는 결코 볼 수 없었던 마음의 눈으로 볼 수 있게 된 것이다. 새로운 신뢰가 그녀 안에 생겨났다. 이 마음의 계시로 그녀는 확신 가운데 거하게 되었다. 자신이 정말 잘못된 곳에 와 있다면 하나님이 직접 옮겨줄 것이라는 것을 신뢰할 수 있게 되었다. 하나님이 자신을 사랑하신다는 것을 알았기 때문에 하나님을 신뢰할 수 있었던 것이다.

하나님의 완전한 뜻에 자신을 맡기는 것은 우리가 기댈 수 있는 가장 포근한 베개에 우리 자신을 기대는 것과 같다. 하나님과의 만남으로 바바라의 삶은 변화되었다. 가려졌던 부분이 밝혀지는, 인간의 한계를 넘어서는 순간이었다. 최고의 정원사인 주님은 그녀의 마음을 쟁기로 갈아 엎으셨다. 불신과 의심의 가시덤불은 제거되고 불 속으로 던져졌다. 이제 신뢰의 씨앗이 뿌려질 좋은 토양이 된 것이다.

바바라가 하나님을 신뢰하는 것을 배우는 동안 그녀는 마음의 눈을 계속 열어두어야 했다. 그것은 엠마오의 두 제자들에게 일어났던 것과 동일한 과정이었다.

무심코 우리는 "그분"을 지나친다

삶의 바쁜 여정 속에서
우리는 알지 못하는 사이 천사를 만난다.
하지만 우리는 너무나 바빠 들을 수가 없고,
너무 바빠 가까이 계신 하나님을 느낄 수가 없다.
잠시 멈추어 서서 다른 사람의 눈에 있는 슬픔을 볼 여유조차 없다.
너무 바빠 도움을 주거나 내 것을 나누지도 못하고,
함께 애통해 하거나 돌볼 시간도 없으며,
마땅히 해야 할 선한 일들도 행할 수 없다.
'할 수 있다면 할 텐데' 라고 말하면서….
삶의 속도는 너무나 빨라서
처지면 어쩌나 하는 생각에 잠시도 멈추지 못한다.
너무나 중요한 약속들 때문에
쉽사리 구세주의 손길을 떨쳐 버리고는 이렇게 말한다.
'언젠가는 시간이 나겠지.'
그러나 우리가 알기도 전에 "삶의 태양은 저물어 버린다."
우리가 지나친 구원자는 다시 만날 수 없다.
삶의 여정을 따라 바쁘게 서두르는 동안
우리는 알지도 못하는 사이에 그분을 지나쳐 버렸다.
우리 눈으로 보았던, 그러나 결코 알아 차릴 수 없었던
하나님의 아들이 우리 곁을 지나간 것이다.

_ 헬렌 스타이너 라이스

07

너희 마음 눈을 밝히사 그의 부르심의 소망이 무엇이며
성도 안에서 그 기업의 영광의 풍성이 무엇인지 알게 되기 원하노라
☞ 에베소서 1장 18절

마침내 눈이 열리다

Be having the eyes of your heart flooded with light, so that you can
know and understand the hope to which He has called you and
how rich is His glorious inheritance in the saints.
_Ephesians 1:18(Amplified Bible)

마침내 그들의 눈이

열렸고 그들은 예수님을 보았다. 그리고 예수님은 사라지셨다. 그분의 일이 끝난 것이다. 예수님이 예루살렘에 모여 있는 다른 제자들에게 나타나셨을 때, 예수님은 그들의 불신과 마음의 완고함을 꾸짖으셨다(막 16:14). 여기서 예수님이 지성(mind)이 아닌 마음(heart)의 완고함을 꾸짖으신 것을 주목할 필요가 있다.

헬라인들은 마음보다 지성을 더 중요하게 여겼기 때문에 이 구별은 매우 중요하다. 헬라인들은 삶의 사건들이 이 지성으로부터 흘러 나온다고 믿었다. 그러므로 그들이 보기에 지성은 단지 감정의 근원인 마음보다 훨씬 우위를 점하는 것이다. 그들에게 있어서 감정을 겉으로 드러낸다는 것은 여성과 아이들로 대변되는 약함을 상징하는 것이었다. 감정적이 된다는 것은 누군가를 더욱 타락시키는 것이었다.

예수님은 엠마오로 가는 두 제자들에게 도전을 주신다. 그들 속에 있는 불신의 어두움이 말씀의 빛 가운데 드러나야 했기 때문이다. 히브리서에서, 우리는 '로고스'(Logos)인 하나님의 말씀이 우리 마음을 깊숙이 뚫고 들어와 혼과 영을 쪼개는 양날 선 검과 같음을 보게 된다(히 4:12-13). 이것은 마음이 혼과 영을 포함하는 것임을 보여주는 것이다. 히브리어 'lebab'(마음)의 용법에 관한 연구들을 보면, 문맥상 마음이 의미하는 것은 생각하고, 느끼고, 결정하는 기능을 가진 인간의 속사람을 언급하는 게 분명하다. 말씀이 하는 일은 마음속 깊숙이 뚫고 들어오는 빛과 같다. 빛이 들어옴으로 어두움은 사라지고 악의 어떠한 그늘도 다 드러나게 되는 것이다.

제자들의 "눈이 열렸다"는 것에 대해 어떤 번역은 '그들 마음의 눈에서 베일이 벗겨져 볼 수 있게 되었다'고 말하고 있다. 두 여행자들의 눈에서 베일이 벗겨졌다는 것은 무엇을 의미하는가? 말 그대로 그들의 눈은 예수님을 알아보지 못했다. '알아보다'(recognize)는 헬라어로 epiginosko인데 '새롭게 습득된 정보를 이전에 배웠거나 알았던 것과 일치시킨다'는 것을 의미한다. 어떤 신학자는 이 말 뒤에는 하나님이 그들로 하여금 예수님을 보지 못하게 막으셨다는 것이 간접적으로 암시되어 있다고 주장한다. 하나님은 왜 그들의 눈을 닫아 놓으셨을까? 그들이 볼 수 있기 위해서 무슨 조건이라도 필요했단 말인가?

엠마오로 가는 두 제자들은 함께 걸으며 얘기했던 분이 누구인지 알아보기 전까지 몇 가지 시험들을 통과해야 했었다. 처음에 그들은 예수님을 기꺼이 일행으로 받아들여야 했다. 그리고 나서 예수님의 말과 질문을 받아들여야 했다. 마지막으로 얼마나 간절히 예수님과 같이 있기를 원하는지 보여야 했다. 그들이 이러한 시험을 통과했을 때, 비로소 엄청난 깨달음의 순간, 다시 말해 계시의 순간을 경험하게 될 것이다.

내가 하와이에 있는 열방 대학에서 다양한 국적의 학생들에게 "하나님의 다림줄"(The Divine Plumbline) 시리즈를 가르치고 있을 때가 생생하다. 강의 도중 한 학생이 내게 질문하기 위해 손을 들었다. 그녀는 "잠시만요. 잠시만요. 계속 나가지 마세요. 방금 말씀하신 것에 관해 좀더 부연 설명을 해주실 수 있나요?"

"좋아요." 그녀의 갑작스런 개입에 약간 놀랐지만 나는 그렇게 하도록 동의했다. 질문과 관련하여 이것저것을 계속 설명하는데, 그녀는 나의 말을 한마디도 놓치지 않으려고 하면서 바짝 다가와 의자 끝에 앉아 있었다. 그녀의 눈은 나의 눈에 고정되어 있었다. 진리의 떡이 그녀를 위해서 떼어졌고, 나는 그녀의 눈에서 이해의 서광이 비치고 있음을 알 수 있었다. 말 그대로 그녀의 마음 안에 빛이 비친 것이다. 이제 그녀는 자신의 정체성에 위기를 맞게 되었다. 삶에서 처음으로 그녀가 수년 동안 보지 못했던 혼란과 낙담을 보았기 때문이다.

그렇게 그 순간이 지나고 나는 강의를 계속하였다. 다음날 아침 수업시간에 이 젊은 여학생은 자신의 간증을 나눌 수 있는지를 물었다.

나는 그 주까지 가르쳐야 할 주제가 있었기 때문에 "시간이 얼마나 걸릴까요?"라고 물었다. 그녀는 "단지 몇 분이면 됩니다"라고 했다.

그러나 그녀가 일어나서 간증을 하기 시작할 때, 성령님이 역사하기 시작했다. 강의 계획표는 더 이상 생각나지도 않았다. 그녀의 이야기는 다른 학생들의 삶에 있는 장애물에 빛을 비추었다. 그녀에게 주시는 계시 안에서 하나님이 떡을 떼실 때 그들의 눈이 열리고 많은 베일들이 걷혔다. 우리는 나머지 아침 수업을 함께 간증하고 찬양하며 소그룹으로 모여 교제하며 보냈다. 차나 커피를 마시기 위한 짧은 시간조차 필요하지 않았다. 처음에 나는 시간이 얼마나 필요한지 물었지만 하나님께는 다른 강의 계획표가 있었던 것이다.

그러한 경험은 예외적인 것이 아니라 일반적인 것이라고 생각한다. 열방 대학이나 다른 기독교 교육 기관은 단지 학생들이 특별한 과정에 따라 지식을 습득하는 곳이 아니라 하나님과의 거룩한 만남을 가지고, 자신들의 눈을 열어주시도록 하나님께 기회를 드릴 수 있는 곳이 되어야 한다. 이것은 기독교 교육자들에게 심장의 박동과 맥박이 되어야 한다. 그것이 바로 우리가 누구며, 우리의 가르침이 세속적인 그것과 어떻게 다른지 구별짓는 핵심이 된다.

성경은 눈이 열림으로써 생겨난 많은 중요한 결과들을 말해 주고 있다. 가장 좋은 예로 엘리사와 그의 종 게하시의 이야기가 있다(왕하 6:14-17). 밤 사이 시리아의 군대가 엘리사와 게하시가 머물고 있는 성 주위를 포위했다. 게하시가 아침 일찍 일어나 밖으로 나가 보니 수없이 많은 말들과, 전차들과 적의 군대가 있었다. 두려움 속에서 그는 외쳤다. "주인님, 우리는 이제 어찌해야 합니까?"

그러나 엘리사는 아무런 근심도 하지 않았고 그를 안심시켰다. "두려워 마라! 우리와 함께 있는 자들이 저들보다 훨씬 많다."

엘리사는 게하시가 두려움으로 인해 볼 수 없었던 것을 보고 있었다. 무서워서 떨고 있던 게하시와는 대조적으로 엘리사에게는 전능하신 하나님에 대한 믿음이 있었다.

"주님, 그가 볼 수 있도록 그의 눈을 열어주십시오." 엘리사가 기도했을 때 그 즉시 게하시의 눈이 열리고 이제 그는 엄청난 광경을 보게 된다. 성 주위에 있는 동산에는 천군과 천마들이 시리아의 군대와 비교도 안 될 정도로 많이 있었던 것이다. 엘리사 주위에는 불의 전차가 있었다. 적이 쳐들어 오자 엘리사는 기도한다. "주님 이 사람들의 눈을 멀게 하여 주십시오." 하나님은 그의 기도에 응답하신다. 시리아 군인들은 보지 못하게 되었고, 엘리사는 그들을 양떼처럼 이끌고 사마리아 성으로 가서 이스라엘 왕에게 내어 준다.

우리는 마음의 눈을 통해 보이지 않는 세계를 바라본다. 마음의 눈을 통해 궁극적인 힘과 권위가 존재하는, 보이지 않지만 실재하는 세계를 보게 되는 것이다. 마음의 눈이 열릴 때 믿음은 두려움을 쫓아내고 마음은 평안으로 충만케 된다.

우리의 눈이 열려야 할 중요성을 말해 주는 또 다른 훌륭한 예는 요한복음 9장에서 예수님이 한 눈먼 사람과 만나는 이야기다(9:1-7). 소경으로 태어난 이 남자는 누더기 옷을 걸친 채 지나가는 사람들에게 구걸을 하며 흙먼지투성이 길가에 앉아서 하루하루를 보내고 있었다. 앞을 보지 못하고 턱수염이 지저분하게 자란 얼굴은 땀으로 얼룩져 있었다. 군중들이 지나갈 때마다 그는 흙먼지를 먹는다. "자선을 베푸세요! 자선을 베푸세요!" 그는 그릇을 들고 보이지 않는 눈으로 사람들을 응시하고선 누군가가 자신을 동정하여 동전을 던져 주기를 바라며 열심히 외쳐댄다. 염소떼와 양떼가 울어대고 개가 짖어대고, 상인들은 물건을 사라고 외쳐대는 상인들의 소리와 평범한 사람들의 대화 소리가 들리는 일상적인 길가에 갑자기 여러 사람들의 발소리가 들린다. 한 무리의 군중이 다가온다.

"무슨 일입니까?" 소경이 묻는다. 그러나 아무도 그에게 관심을 가져 주지 않는다. 그는 지나가는 사람의 옷자락을 잡아당기면서 묻는다.

"누가 지나갑니까?"

소경에게 옷자락을 붙잡힌 사람이 그에게 퉁명스럽게 대답한다. "선생이요, 선지자인 나사렛 예수요."

군중의 발자국 소리들 너머로 힘있고 분명한 목소리가 들린다. 그리고 놀라웁게도 발소리가 자기 앞에서 멈췄다. 그는 무엇인가를 기대하며 그릇을 들어올린다. 그러나 동전은 떨어지지 않는다. 대신 선생과 그의 제자들이 자신에 대해 말하기 시작한다.

"랍비여, 이 사람이 소경으로 태어난 것은 누구의 죄 때문입니까? 이 남자입니까? 아니면 그의 부모입니까?" 그 제자들 중에 하나가 묻는다.

"이 사람의 죄도 그 부모의 죄도 아니다." 선생이 대답한다. "그의 삶을 통해서 하나님의 일을 나타내시려는 것이다." 소경은 소리나는 쪽으로 고개를 돌린다. 그는 선생의 온화하고 강력한 목소리에 이끌린다. "나는 세상의 빛이다." 그는 옆에서 선생의 침 뱉는 소리를 듣는다. 그리고 예수님이 보지 못하는 자신의 눈에 진흙 이긴 것을 바를 때 시원함을 느낀다.

"가서 씻어라." 예수님이 그에게 명령하신다. 이 말씀은 소경의 메마른 영혼에 들려진 계시의 말씀이었다. 그는 이에 순종하여 비틀거리고, 질질끄는 발걸음으로 '보냄을 받았다' 는 의미를 가진 실로암이라는 연못으로 간다.

소경이 예수님의 명령에 순종하기란 쉬운 일이 아니다. 그러나 그가 기꺼이 순종하려고 한 것이 문제 해결의 열쇠였다. 예수님의 말씀 속에는 볼 수 있다는 가능성이 담겨 있었다. 그는 갈 때는 눈먼 상태였으나 돌아올 때는 보면서 왔다.

그러면 계시란 무엇인가? 이 중요한 질문에 답하기 위해 한 학생의 간증을 나누고자 한다. 주디스(Judith)는 A.A.(익명의 알코올 중독자 모임) 12단계 프로그램에 따라 그녀의 생애 가운데 있었던 큰 상처를 통해 얻을 수 있는 교훈 목록을 만들고 있었다. 먼저 어린아이였을 때의 사건이 떠올랐다. 그녀는 자신을 돌보았던 사람들에게 어떻게 학대받고 버림 받았는지를 기억했다. 그녀가 그것을 쓰기 시작했을 때, 이상하고 무기력한 마음이 엄습해왔다. 그 사건과 관련된 생각들이 그녀의 마음속에서 연달아 떠올랐다.

"너는 다시는 누군가를 신뢰할 수 없을 거야."

"하나님은 결코 너를 사랑하지 않아."

"너는 그분의 사랑을 받을 가치가 없어."

"너는 혼자야."

그녀는 성경을 통해 하나님이 자신을 사랑하고 자신이 혼자가 아니라는 사실을 알고 있었다. 그러나 마음으로 그 사실을 이해하는 데 어려움을 겪고 있었다. 어린 시절 상처에 기초한 삶의 경험들이 계속 그것과 정반대로 말하고 있었던 것이다.

그녀가 느꼈던 무기력함이 조금씩 경감되자 그녀는 계속해서 과제를 완성해 갔다. 그녀는 그것을 제출했고, 다시금 일상으로 돌아와 일에 몰입해야 했다. 하지만 집중하는 데 어려움을 겪기 시작했다. 또한 그녀는 불면증과 여러 상황들에 대한 강한 감정적 반응들 —정도를 넘어선 반응들—로 힘들어하고 있었다. 삶이 걷잡을 수 없게 되었다. 결국 한 친구가 그녀를 위해 함께 기도할 것을 제안했다.

그 친구가 기도할 때에 몇 가지 일들이 일어났다. 먼저는 내면 깊은 곳에서 솟아오르는 슬픔, 죄책감, 수치심으로 울기 시작했다. 그리고 그 친구가 간단한 기도를 통해 이 모든 것들을 예수님이 담당하시도록 그분께 맡기자고 격려하자, 그녀에게 평화가 임했다. 연이어 그녀가 받은 상처로 자신을 정죄해 왔던 거짓말들이 또다시 떠올랐다. 그녀는 기도 안에서 이 거짓말들을 떨쳐버리고 자신을 학대했던 사람들을 용서하기 시작했다. 쉬운 일은 아니었지만 그 동안 살아오면서 겪은 고통에서 자유롭게 되고자 하는 간절한 바람이 그녀의 결심을 더욱 강하게 했다. 이어서 하나님은 그녀에게 한 그림을 보여주셨다. 그녀의 더러운 회색 피부가 타기 시작하는 그림이었다. 더러운 피부가 불타 버리자 그 사이로 깨끗하고 뽀얀 분홍빛 피부가 드러났다. 그 순간 그녀의 마음의 눈이 열렸고 이사야 54장 4절의 진리가 그녀를 씻어 내렸다. "너의 어린 시절의 수치는 더 이상 기억되지 않을 것이다." 이 진리의 계시로 새로운 자유함이 그녀의 인간 관계와 일터 속에 흘러 들어왔다.

진리를 이해하는 것은 계시로 나아가는 중요한 열쇠가 된다. 하나님의 말씀인 성경 속에 모든 진리가 구체적으로 표현되어 있음을 알게 된다. 헬라어에는 '말씀'에 대한 두 가지 용어, 즉 로고스(Logos)와 레마(Rhema)가 있다. 신약 성경에서 331번이나 사용되는 로고스는 원리와 개념, 이상이 구체화된 것으로서 하나님의 생각의 표현이라고 정의된다. 대조적으로 신약 성경에서 70번 사용되는 레마는 특별한 말씀이나 주장, 특별한 문제나 사건 또는 경우로 정의된다. 말씀은 빛에 비유되기 때문에, 일반적으로 로고스는 태양 광선으로, 레마는 인간의 눈에 보이거나 파악되는 일부 광선으로 설명할 수 있다.

로고스, 다시 말해 하나님 말씀의 일반적인 원리는 우리가 읽고, 명상하고, 공부하는 것을 통해 우리의 마음과 정신 속에 든든히 세워질 필요가 있다. 로고스는 우리에게 우리가 가지고 살아야 할 가치와 원리와 안내 지침을 준다. 반면 레마는 개인적으로 주어지는 하나님의 특별한 말씀, 다시 말해 우리 각자의 환경과 관련된 말씀이며 우리 삶에 대한 그분의 유일한 계획과 목적을 알려주는 말씀이다. 우리는 로고스라는 보다 광범위한 문맥 속에서 자신에게 특별히 말씀하시는 그분의 음성을 듣는다. 로고스와 레마가 함께 역사함으로 말씀이 우리 존재의 가장 깊은 곳까지 뚫고 들어와 우리 마음의 어두움과 속임을 깨뜨리는 두 개의 날선 검이 되는 것이다. 말씀은 빛의 위대한 근원이다. 시편 기자는, "내 눈을 열어서 주의 법의 기이한 것을 보게 하소서"(시 119:18)라고 말했다. 말씀이 마음의 망막에 와서 부딪칠 때, 통찰이 생기게 되는 것이다. 이런 차이를 이해하는 것이 글로바와 그의 친구가 이른 계시의 단계를 살펴보는 데 도움이 된다.

계시는 단순히 새로운 지식이나 더 깊은 이해가 아니다. 이것은 우리 마음에 영향을 주어 삶의 양식에 필연적인 변화를 가져오는 통찰이다. 그것은 우리 존재의 중심부까지 뚫고 들어온다. 하나님에 대한 책들을 읽었으나 하나님을 인격적으로 모르는 신학자보다 아무것도 모르는 어린아이가 하나님에 대해 더 많은 계시와 이해를 가질 수 있다. 계시는 순종에 뒤이어 온다. 하나님이 우리에게 말씀하신 것에 순종할 때, 우리는 삶의 변화를 경험하게 된다. 그것은 신령한 일이며, 하나님의 영의 사역이다.

우리 모두는 어떤 의미에서 이 엠마오의 길 위에 있다. 나는 예수님께서 나에게 떡을 떼어주사 나의 눈을 열어주실 그 순간을 간절히 기다리고 있다. 나의 삶 속에는 베일에 가려 여전히 보지 못하는 부분이 있다. 이런 맹목의 영역들과 미지의 영역들은 여전히 드러나야 할 필요성이 있다. 나는 그것들이 계속해서 내 삶에 남아 있기를 원하지 않는다. 나는 나에게 주시는 하나님의 유업을 온전히 받기 위해 이러한 보이지 않는 부분들을 해결하기 원한다.

예수님은 우리 모두와 함께 떡을 떼시기를 원하신다. 그러나 슬프게도 우리 중 많은 사람들이 하나님의 계시를 막는 장애물들을 가지고 있다. 여러분 자신의 정체성을 여러분이 가진 지식과 너무 연관지어 생각하지 않는가? 여러분은 항상 자신이 옳아야만 한다고 생각하는 그러한 사람들 중 하나인가? 그런 것에서 자신의 정체성을 찾지는 않는가? 혹시 여러분의 정체성을 자신의 행위나 지위, 평판에 가두어 두고 있지는 않은가? 이런 것들은 하나님이 자신을 우리에게 나타내지 못하도록 하는 장애물이 된다. 우리는 하나님과 함께 동역하여 친히 이런 장애물을 제거해 주시도록 구해야 한다. 그럴 때 옛 것이 새것이 되는 것을 보게 될 것이다. 우리는 새로운 관점을 갖게 될 것이고 우리의 시야- 우리가 생각하고 살아가고 일반적으로 처신하는 방식- 전체를 바꾸어 버릴 계시를 경험하게 될 것이다. 결과적으로 우리는 더욱 그리스도를 닮는 삶을 살 것이다.

이런 계시는 또한 열방을 복음화하고 제자를 삼기 위한 출발점이기도 하다. 엠마오 도상의 두 제자들처럼 우리가 그 계시를 받아들인다면 우리 역시 자신을 주체할 수 없게 될 것이다. 복음을 전하고, 사람들을 제자 삼고 싶어할 것이다! 계시가 우리의 심장 박동이 될 것이다. 글로바와 그 동료는 그들의 눈이 열리자 사명을 가진 사람들이 되었다. 이제 그들의 목표는 달려가서 그들 삶 속에서 일어난 일들을 다른 사람들에게 전하는 것이다. 그들 삶의 우선 순위에서 다른 모든 일들은, 심지어 먹는 것조차도 이들이 가진 목표보다 중요하지 않았다.

그들이 예루살렘에 돌아와서 다른 제자들에게 그 소식을 전했을 때, 그 소식이 다른 제자들에게 단순히 간접경험으로만 남았던 것은 아니었다. 예수님이 그들에게 오실 수 있도록 길을 마련하였고 예수님은 나머지 제자들에게도 개인적으로 자신을 나타내셨다. 그들이 처음 예수님을 보았을 때는 예수님을 유령인 줄로 잘못 알았다. 베일은 여전히 그들의 눈에 덮여 있었다. 하지만 예수님이 자신의 손과 발을 보여주시고 그들 앞에서 음식을 잡수셨을 때 눈에서 비늘이 떨어져 나갔다. 계시가 임했고, 그들은 부활하신 주님을 알아보게 되었다. 예수님을 봄으로써 그들의 믿음도 자랐다. 그 믿음은 신약 시대 교회 안에서 활활 타오르는 불길처럼 세계로 퍼져 나갔다.

엠마오로 가는 두 제자에 대한 우리의 성찰을 마치면서 이제 계시로 나아가는 길을 계속해서 잘 갈 수 있도록 여러분을 격려하고자 한다. 엠마오로 가는 두 제자의 여행은 끝이 났지만, 우리의 여행은 아직 끝나지 않았다. 예수님을 만나 그분처럼 변화될 때까지는. 그리스도인으로서 우리는 모두 이 마음의 여행에 참여해야 한다. 계시로 가는 길의 끝은 우리 마음의 눈이 우리 삶 속에서 아직도 드러나지 않은 부분들을 온전히 볼 수 있게 되는 순간일 것이다. 그러한 순간이 있기 전까지는 쟁기와 곡괭이와 갈퀴가 먼저 다가올 것이다. 그 과정에서 우리는 아프고 고통스럽고 좌절하는 경험들을 하게 될지도 모른다. 그러나 우리가 올바른 선택을 하고 우리 자신을 기꺼이 내어드린다면 좋은 토양이 우리 가운데 생겨서 진리와 계시의 새로운 씨앗이 심겨질 수 있게 될 것이다. 그리고 이 진리의 씨앗이 자랐을 때 계시와 변화가 임할 것이다.

에베소 교회를 위해 기도하던 바울은 그들에게 지혜와 계시의 영 – 하나님에 대한 깊고 자세한 지식 안에서 신비와 비밀을 볼 수 있는 통찰– 을 주시도록 구하였다. 바울은 하나님이 그들을 부르신 풍성하고 영광스러운 기업의 소망을 그들이 알고 이해할 수 있도록 그들의 눈이 빛으로 충만하게 되기를 구하였다(엡 1:17-20). 이제 나는 이 동일한 기도를 계시의 길로 가는 여러분 한 사람 한 사람을 위해 다시 하고자 한다.

| 부록 |

시력을 통한 통찰력의 이해

빛

빛이 없으면 볼 수 없다. 보는 것을 이해하기 위해서는 먼저 빛을 이해해야 한다. 창세기에서는 하나님이 빛과 어두움을 나누시고 빛을 '낮'으로, 어둠을 '밤'으로 부르신 것을 볼 수 있다. 그 다음에 하나님은 인간을 창조하셨다. 하나님이 인간으로 하여금 빛과 어둠을 구별하도록 만드신 주요한 기관은 눈이다. 지난 40년 동안 눈의 생리학과 빛의 이해는 놀라운 발전을 이루어냈다.

 우리는 매일의 삶 속에서 빛을 사용하고 있기 때문에, 빛을 당연하게 여긴다. 스위치를 켜기만 하면 빛이 들어온다. 하지만 빛이 어떻게 작용하는가를 이해하는 것은 조금 더 복잡하다. 실제로 평생을 연구에 바친 물리학자들조차 그것을 완전하게 설명하지는 못한다.

 반대로 어둠은 우리 대부분이 잘 이해하고 있다. 그것은 단지 빛이 없는 상태다. 빛이 없으면 아무것도 볼 수 없고 비틀거리기 쉽다. 영적인 어둠도 비슷하다. 우리가 도덕적인 어둠 속을 걸으면, 쉽게 넘어지게 된다.

　강렬한 빛의 예는 태양이다. 태양이 충만하게 비칠 때는 우리가 잠시 흘깃 쳐다보는 것만으로도 눈부시다. 이보다 더욱 강한 빛은, 비록 수천 분의 일 초 동안이긴 했지만 로스 알라모스(Los Alamos)에서의 원자 폭탄에서 방사된 것이었다. 원자 폭탄이 터질 때 나오는 빛은 가히 파괴적이어서 그 폭발을 볼 경우 눈의 중앙 망막으로 들어오는 빛의 강렬함에 눈이 멀게 된다.

　예수님은 빛으로 옷 입고 있다고 묘사된다. 그 찬란한 밝기는 태양보다 밝다. 요한계시록에서 그의 머리와 머리털은 눈처럼 하얀 양털에 비유되고, 그의 눈은 불꽃에, 그의 생김새는 환하게 빛을 발하는 태양에 비유된다. 예수님의 바람은 그의 빛과 생명을 영적 계시를 통해 우리에게 나누어 주시는 것이다. 모세가 시내산에서 하나님을 보았을 때, 비록 그가 보는 것이 제한적이긴 했지만, 그의 얼굴은 하나님의 영광과 빛으로 여전히 빛나고 있었다. 이 빛이 모세의 마음속에 지혜와 통찰을 주었고 그를 더욱 위대한 지도자가 되게 하였다.

　현재까지 빛을 이해하기 위한 두 가지 이론이 있다. 첫 번째는 '파동이론'(wave theory)이다. 여기서 빛은 움직이는 바다의 파도에 비유된다. 그것은 초당 300,000km의 일정한 속도로 여행한다. 빛의 파동이 로스앤젤레스에서 보스톤까지 가는 데는 불과 0.016초(1/60초) 밖에 안

걸린다. 세계를 한 바퀴 도는 데는 0.0125초(1/80초)가 걸린다. 9천3백만 마일 떨어진 태양에서 여기까지 오는 데 8분 정도면 충분하다. 그것은 우주에서 가장 빠른 속도다.

빛을 설명하는 두 번째 방법은 빛을 광자라고 하는 일종의 알갱이(입자)로 보는 것이다. 빛이 잔잔한 연못에 파장을 만드는 돌멩이와 같다고 보는 것이다. 빛을 온전히 이해하기 위해서는 이 두 가지 이론이 모두 필요하다. 이로 인해 20C 양자이론(quantum theory)이 탄생하게 되었다.

우리가 볼 수 있는 빛은 광대한 빛의 영역 중 극히 일부분인 일곱 색깔에 해당하는 부분이다. 이 영역은 가시광 영역으로 400나노미터(자외선과 보라색)와 700나노미터(적외선과 빨강색) 사이에 해당되는 것이다. 이 작은 빛줄기가 하늘에서 산란과 굴절을 통해 무지개 −노아와 맺으신 하나님의 언약의 상징−를 만든다. 무지개는 하얀 빛 안에서 빛이 굴절되어 나타난 색채들이 눈부시게 표현된 것이다. 요약하면, 빛이 에너지 중에서 물결치고 진동하는 구성 요소들을 가진 에너지의 한 형태라는 사실을 알 수 있다.

눈은 어떻게 볼 수 있는가?

빛이 눈 안에 있는 광수용 세포들에 부딪힐 때에 그 세포들은 빛을 내게 된다. 빛 에너지 그 자체로는 볼 수가 없다. 빛은 눈이 있어야 보인다. 말 그대로 눈은 몸의 등불이다. 잠언 20장 27절은 "사람의 영혼은 여호와의 등불이다"라고 말씀하고 있다. 눈이 몸의 등불인 것처럼, 영혼은 내적 존재의 등불이다. 하나님의 영은 우리에게 생명의 빛을 나누어 주며 우리의 영혼을 점화하는 불꽃이다. 우리 영혼의 불꽃은 우리가 마음 문을 열고 하나님의 아들과 그 영을 안으로 모셔들일 때 밝게 빛나게 된다.

눈의 기관은 우리가 얼마나 경이롭고 훌륭하게 만들어졌는지를 잘 보여준다. 눈 안에는 막대기(rods)나 원뿔(cones)로 불리는 1억 개 이상의 작은 세포들이 있다. 그것들은 빛 에너지를 전기 신경 자극으로 변환시켜 뇌로 보낸다. 보는 행위는 단지 빛이 있을 때에만 가능한 것으로 창조자에 의해 정해지고 만들어진 기적적인 현상이다.

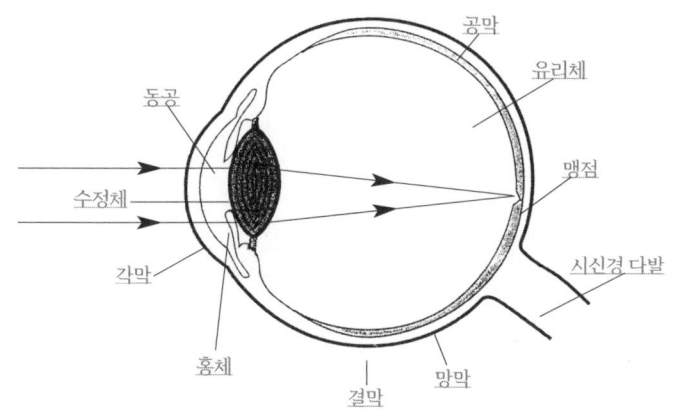

위의 그림은 빛의 파장이 백만 개 정도나 되는 광수용 세포를 비추기 전에 어떻게 보는 것을 가능케 하는지를 보여준다. 빛이 너무 강하면 눈꺼풀이 감겨 시력은 최소화되거나 없어진다. 눈에 빛이 비추이지 않을 때, 우리는 볼 수 없다. 빛은 각막과 눈 내부의 중심을 향해서 광선을 굴절시키는 수정체를 통해 들어온다. 각막을 통과한 빛 에너지는 동공 안으로 들어간다. 이곳은 홍체로 둘러싸인 검은 공간이다. 홍체는 푸른색이나 회색, 녹색이나 갈색 등 아름다운 색깔을 띠는 눈의 부분이다. 그것은 수정체의 표면을 따라 움직이는 막이다. 그것은 눈에 들어오는 빛 에너지의 양에 따라 열리기도 하고 닫히기도 한다. 빛이 강렬할 때는 눈의 광수용 세포가 파괴되지 않도록 보호하면서 수축한다. 빛이 줄어들면 들어오는 빛의 양을 증가시키기 위해 팽창한다. 그래서 어두운 곳에서도 잘 볼 수 있게 한다.

초점이 맞추어지거나 맞추어지지 않은 모든 빛의 파장은 수정체를 지나면서 수정체 주위의 근육들을 통해 수정체를 수축하거나 이완하도록 한다. 수정체의 역할은 빛의 파장을 눈 내부에 모아 손상을 입히는 자외선과 적외선을 다른 상태로 흡수하는 것이다. 그렇게 수정체에 이른 빛의 파장은 투명한 젤리로 채워진 방을 통과하는데, 그 공간은 안구에서 가장 큰 부분으로 유리체(vitreous)라고 불리는 곳이다. 그리고 마침내 빛은 망막의 수용세포에 이르게 된다. 여기에서 보는 과정이 시작되고 수용세포는 '빛나게' 된다. 망막의 수용세포는 신경 노선을 따라 머리 후반부의 뇌 표피에 있는 시각 피질에 전기적 자극과 다른 화학적 자극을 보내거나 만들도록 한다. 눈의 망막에서 피질에 이르는 이 빛 에너지와 전기적 자극의 과정은 영화를 만드는 것에 비유될 수 있다. 영화를 만들기 위해 빛은 카메라의 렌즈로 들어가 안에 있는 셀룰로이드에 초점이 모아지고 영상이 만들어진다. 그러고 나서 필름이 현상되면 우리는 기록된 영상들을 볼 수 있는 것이다.

눈으로 보자면, 영상이 망막 안에 있는 필름 위에 잡히고 나서, 현상과 인쇄가 이루어지고 우리의 특별한 영화 채널로 볼 수 있게 해주는 뇌의 바깥 부분으로 시각 경로를 따라 이동한다. '본다'는 이 행위는 말 그대로 우리 일상 생활의 모든 순간을 찍고 현상한 수백만 개의 그림들이 연결된 영화 제작의 과정이라고 할 수 있다. 하지만 이러한 비유로는 시력이라는 놀라운 선물을 다 설명하지 못한다. 인간의 보는 능력은 매순간의 움직임과 컬러 영상을 백만 대의 카메라로 찍는 것과 같다. 하지만 인간이 만든 어떤 카메라도 창조자가 만든 인간의 눈만큼 빠르고 효과적으로 작동할 수는 없을 것이다.

시력의 손상

대개 우리는 시력이 나빠지기 전까지는 시력을 그렇게 중요하게 여기지 않는다. 한때 볼 수 있었으나 현재는 완전히 시력을 잃어버린 사람들은 시력이라는 선물이 얼마나 소중한지 제대로 평가할 수 있다. 시력에 도움을 주는 많은 종류의 교정 기술이 발달했지만 앞을 보지 못하게 된 사람들의 시력을 다시 회복한다는 것은 기적이 아니고서는 불가능하다. 어떤 다른 사람보다도 그들은 이 시력의 진정한 가치를 잘 이해한다.

엠마오 도상의 두 여행자들과 예수님을 알아보지 못했던 그들의 눈먼 상태에 대한 이야기를 묵상하면서 우리들은 육신의 시력 손상과 영적 통찰의 부족 사이에 강한 연관성이 있음을 보게 된다. 육체적 차원에서 그들의 눈은 다양한 이유들로 보지 못하도록 제재를 받았거나 베일에 덮여 있었다. 시력을 갖지 못했던 몇몇 육체적 이유들에 대해 알아보고 거기에 담긴 영적인 의미를 생각해 보자.

1   각막은 감염이나 외상으로 상처를 입을 수 있다. 그 결과 빛이 효과적으로 각막을 통과해서 전달될 수 없고 시력은 손상을 입는다. 예를 들어, 만약 눈의 각막이 나뭇가지에 긁혔다면, 재발성 '각

막미란'(recurrent erosion)이라고 불리는 고통스러운 상태가 초래될 수 있다. 긁힌 부분에 유독 식물의 잔여물이 남아 있으면 통증이 되살아나고, 시야가 흐려진다. 이 작은 부위는 잠자는 동안 눈꺼풀의 표면 아래를 찌르거나 눈을 다시 뜰 때 찢어지게 된다. 치료를 위해 밤에 눈에 연고나 크림을 바를 필요가 있다. 영혼의 각막 또한 우리가 거절당하거나 불의를 겪게 될 때 또는 학대를 받을 때 손상을 당하고 상처를 입을 수 있다. 분냄과 독함이 우리 안에 자리잡게 될 때, 인간 관계는 깨어지고 우리의 영적인 통찰은 손상을 입게 된다. 마치 독소처럼 영혼 가득히 용서하지 못하는 마음을 키우게 되며, 인간 관계들을 망쳐버리게 하는 악독과 증오에 의해 말 그대로 눈 멀게 된다. 그리고 계속해서 용서하지 못하는 것이 쉽게 우리를 고통스럽게 한다는 사실을 깨닫지 못하게 된다.

　성경적 상담 학교(Biblical Counseling School)에 다녔던 중년 여성 메리는 영적 소경의 한 예다. 그녀는 어머니에 대한 깊은 증오심으로 생긴 우울과 내면화된 분노로 수년 동안 씨름하고 있었다. 그들의 관계는 완전히 깨졌다. 메리는 모든 책임을 그녀의 어머니에게 두었고, 용서해야 할 어떠한 필요성도 느낄 수 없었다. 그러나 결국 그녀의 눈이 열리고, 자신의 죄를 깨닫게 되었을 때, 그녀는 깊은 회개의 눈물을 흘리며 어머니를 용서하기로 했다. 즉시 그들 사이의 장벽이 허물어졌고,

그녀는 어머니에게 변화된 마음으로 다가갈 수 있었다. 분노의 감정은 가라앉게 되었고 모든 우울 증상도 사라지게 되었다.

2 백내장으로 수정체가 흐려질 때도 시각적 인지가 둔해지고, 빛이 막힐 수 있다. 마찬가지로 영적인 백내장은 세대 간의 죄 또는 문화적 죄들을 통해서 우리의 인생관에 영향을 끼치고 모든 삶의 방식을 바꾸어 버리며 우리의 지각을 둔하게 한다.

이것의 좋은 예는 다윗 왕이다. 성경에는 분명히 언급되어 있지 않지만 다윗이 서자(庶子)라는 강한 암시가 있다. 사무엘이 기름을 부으려고 했을 때 이새의 모든 아들 중에 다윗이 없었던 이유도 바로 그러한 것이다. 또한 시편 51편 5절에서 다윗은 "나의 어머니가 죄 중에 나를 잉태하였다"고 말하고 있다. '난잡함, 성욕, 그리고 살인에 대한 그의 성향은 3, 4세대를 걸쳐 내려오는 저주를 통해 그에게 전달된 그의 영적 DNA의 일부다' 라는 주장은 상당히 개연성이 있다. 그러한 죄들은 성경이 불법이라고 부르는 것들이다. 이것은 다윗이라 하더라도 면제될 수 없는 것이다.

나는 여러 나라를 여행하면서 많은 문화들 속에서 사람들을 자신들의 영향력 아래에 묶어두고 보지 못하게 하는 불법적 패턴들을 목격할 수 있었다. 종종 개인들은 이 불법의 백내장을 깨닫고 해결하기 위해 그들 문화의 영향력 아래에서 벗어날 필요가 있다. 우리는 학교에서 동양 문화권에서 온 많은 학생들이 겸손과 고백의 자리에 나오지 못하는 것을 보아왔다. 그 이유는 이것이 그들의 문화에 반하는 것이기 때문이다. 공개 석상에서 자신의 죄를 고백하는 것은 가족들에게 수치와 불명예를 안겨주는 것이었다. 그들의 문화 속에서는 수치심을 담당하시는 예수님을 보지 못하는 것이다. 하지만 다른 문화권의 학생들 앞이더라도 죄의 고백과 회개의 모범을 보이는 학생들이 있는데, 그들의 눈은 열려 있다. 그들은 자신들의 문화 속에 이 불법이라는 백내장이 있음을 깨닫고, 하나님의 은혜로 이 수치의 멍에를 벗어버린 것이다.

3 망막은 뇌가 알 수 있도록 빛 에너지가 전기 신경 자극으로 바뀌는 곳이다. 고혈압, 당뇨병, 그리고 몸의 다른 일반 질병들은 망막을 상하게 할 수 있고, 따라서 시력에도 손상을 준다.

속임은 통찰을 방해하거나 왜곡시킨다. 로마서는 인간이 오래된 불순종에 뒤이어 어떻게 거짓으로 하나님의 진리를 바꾸어 버리는지에 대해 말씀한다. 당뇨병(혈액 속 당이 비정상적으로 많은 병)의 만성적이고 점진적인 형태와 마찬가지로, 불순종은 하나님으로부터 받은 삶의 유업들을 실제로 고갈시키는 불균형적 삶의 방식이다. 만성적인 불순종은 우리의 육체와 감정의 건강을 파괴해 버린다. 잠언은 하나님의 원래 만드신 바대로 살아가는 것을 통해 건강과 온전함이 실현된다고 말씀하고 있다. 우리가 순종이라는 삶의 양식을 선택할 때, 베일에 덮인 우리의 눈도 열리게 된다.

4 뇌 속에 있는 어떤 종류의 종양이나 외상은 뇌의 신경 세포에 해를 가할 수 있다. 종양은 때때로 신경 자극을 막아서 시력을 완전히 잃게 하거나 제한적으로 만들 수 있다. 우리 영혼의 정신과 감정들이 정욕이나 중독에 사로잡히거나 침범당할 때, 우리의 시야는 제한을 받게 된다. 단지 바로 앞에 있는 것만 볼 수 있고, 그것이 우리의 생명과 건강이라는 기업을 얼마나 파괴하든지 상관없이 강박적으로 빠져들게 된다. 이 정욕에 눈먼 상태는 중요한 사랑의 관계들을 파괴해 버린다.

어린 시절 거절당한 상처가 있는 한 젊은 여자는 음식에서 잘못된 위로를 찾았다. 그녀는 감정의 고통이 있을 때마다 먹었다. 그 결과는 비만으로 나타났고 그로 인해 더 많은 거절을 경험하게 되었다. 두 세계가 주는 만족을 모두 누리기 위해서 그녀는 과도하게 먹은 후 다시 토하기 시작했고, 그것은 본격적인 폭식증으로 발전하였다. 이것은 다시 두려움과 죄책감과 수치심을 갖게 하였다. 덫에 걸려 버린 것이다. 정욕이 그녀 속에 들어와 사랑을 주고받을 수 있는 가능성을 막아버린 것이다. 그녀는 갇혔고, 어떤 해결책도 찾지 못했다. 음식, 술, 섹스, 좋은 제품들, 명성 등에 대한 욕망은 해로운 종양처럼, 우리 삶의 에너지를 약화시키고, 우리의 통찰력을 가져가 버리며, 활기찬 인간 관계를 가로막는다.

이 몇 안 되는 예들은 우리들에게 보이는 시야에서 보이지 않는 통찰로 가는 여정이 얼마나 중요한지 보여준다. 영적이든 육체적이든, 보지 못하는 것에 대한 대책은 빛이 들어오지 못하게 막는 것이 무엇인지 알아내어 해결하는 것이다.

욥기 42장 5절에서 욥은 말한다. "내가 주께 대하여 귀로 듣기만 하였삽더니 이제는 눈으로 주를 뵈옵나이다."

| 에필로그 |

다음은 계시로 가는 우리의 여정에 도움을 줄 만한 실제적인 조언들이다.

1. 당신의 마음속에 숨겨져 있고, 보이지 않고, 알려지지 않은 영역들이 있음을 상기하라. 친밀함(하나님의 사랑과 진리)이 깊어지기 위해서는 공개된 부분이 더 확대되어야 한다.
2. 당신 마음속 깊은 곳을 볼 수 있도록 하나님께 계시를 구하라. 그리고 이 때에 주어지는 응답을 기록하라.
3. 매일 성경을 묵상하고, 하나님이 말씀하시는 것에 대해 말씀 일지를 쓰라. 하나님의 말씀이 당신 마음 가운데 간섭하실 것이다.
4. 그리스도 안에서 자라기 원하는 소중한 사람들과 "사랑 안에서 진리"의 관계들을 발전시켜라. 정기적으로 함께 만나고 열린 마음으로 피드백을 주고받아라.
5. 무지 가운데 머무르지 말고 겸손해져라. 더 많은 계시가 드러날 때까지 인내심을 가지고 참으라.

6. 최고의 정원사이신 하나님이 당신 마음의 토양을 갈아 엎으실 것에 대해 각오하라. 하나님이 사람들과 환경을 통해서 당신의 마음을 손 보실 때 삽, 쟁기, 곡괭이, 갈퀴들에 저항하지 마라.

7. 계시가 드러나고 그것이 확고해지기 위해서는 지속적인 회개와 매일매일의 십자가가 뒤따라야 한다.

8. 하나님께 귀기울이고 새 진리를 보며 그 안에서 걷는 삶의 방식을 발전시켜 나가라.

9. 하나님 안에 거하라 그러면 그분도 당신 안에 거하실 것이다. 그렇게 되면 진리와 자유의 열매를 삶 속에서 거둬들일 것이다.

| 참고 문헌 |

- The Amplified Bible(Grand Rapid, MI:Zondervan Bible Publishing House, 1987).
  Bergner, Mario(버그너, 마리오). "불타는 마음과 열린 눈"(1998년 4월 12일 설교, 부활교회).
  Bradshaw, John(존 브래드쇼). "당신을 묶고 있는 수치심을 치유하라" Health Communications, Inc. 1998.

- de Saint-Exupéry, Antoine. Excerpt from The Little Prince by Antoine de Saint-Exupéry, copyright © 1943 by Harcourt, Inc. and renewed 1971 by Consuelo de Saint-Exupéry, English translation copyright © 2000 by Richard Howard, reprinted by permission of Harcourt, Inc.

- 세계 대지도(New York, NY: Dorling Kindersley Publishing, 2002).

- The Holy Bible(NIV)(Grand Rapids, MI: Zondervan Bible Publishing House, 1988).

- 탐 먀샬(Marshall, Tom). "자유케 된 자아"(Chinchester, England : Sovereign World Ltd., 1993).

- 유진 H 피터슨(Peterson, Eugene H). "메시지"(Colorado Springs, CO:NavPress Publishing Group, 2002).

- The New Amreican Standard Bible(La Habra, CA : The Lockman Foundation, 1995).
- 헬렌 스타이너 라이스(Steiner Rice, Helen). "마음이라는 선물"(Grand Rapids, MI:BAker Book House, 1999).

- 게리 스위튼(Sweeten, Gary), 앨리스 피터슨(Alice Peterson), 도로시 게벌트(Dorothy Geverdt) 공저, "이성적인 기독교인의 생각"(Cincinnati, OH:Christian Information Committee, 1987).
  테이어(Thayer)의 희랍어 정의. Quick Verse 6.0 Logos G3056, Rhema G 4487.

- Vine, W.E. 바인(Vine)의 신구약 성경 낱말들 주석 사전(Nashville, TN:Thomas Nelson Publishers, 1996).

- 마크 비어클러(Virkler, Mark). "하나님과의 대화"(Spugh Plainfield, NJ:Bridge Publishing, 1986).

- 랜스 웁리스(Wubbles, Lance) 편집. "그분의 임재 안에서"(Lynwood, WA:Emerald Books, 1998).

우리의 눈이 열릴 때

지은이	브루스 & 바바라 탐슨
옮긴이	김태완

2005년 5월 10일 1판 1쇄 펴냄
2013년 12월 16일 1판 10쇄 펴냄

펴낸곳	도서출판 예수전도단
출판 등록	1989년 2월 24일(제2-761호)
주소	경기도 고양시 일산동구 호수로 340-11 성지밀레니엄리젠시 301호
전화	031-901-9812 · **팩스** 031-901-9851
전자우편	publ@ywam.co.kr
홈페이지	www.ywam.co.kr

조판출력	소다프린트
인쇄	서정문화인쇄사
주문	전화 031-908-9987 · 팩스 031-908-9986

ISBN 89-5536-194-7
책값은 뒤표지에 있습니다.

본 저작물의 한국어판 소유권은 도서출판 예수전도단에 있습니다.
잘못된 책은 바꾸어 드립니다.